ORWELL
OU
L'HORREUR DE LA POLITIQUE

Du même auteur

Le Studio de l'inutilité, Flammarion, 2012 (disponible en coll. « Champs »)

Le Bonheur des petits poissons : lettres des Antipodes, JC Lattès, 2008

Les Idées des autres, idiosyncratiquement compilées pour l'amusement des lecteurs oisifs, Plon, 2005

La Mer dans la littérature française (vol. 2) : de Victor Hugo à Pierre Loti, Plon, 2003

La Mer dans la littérature française (vol. 1) : de François Rabelais à Alexandre Dumas, Plon, 2003

Les Naufragés du « Batavia », suivi de *Prosper*, Arléa, 2003 (prix Guizot-Calvados 2004)

Protée et autres essais, Gallimard, 2001 (prix Renaudot essai 2001)

L'Ange et le cachalot, Seuil, 1998

L'Humeur, l'honneur, l'horreur : essais sur la culture et la politique chinoises, Robert Laffont, 1991

La Mort de Napoléon, Hermann, 1986

La Forêt en feu : essais sur la culture et la politique chinoises, Hermann, 1983

Images brisées, Robert Laffont, 1976

Ombres chinoises, UGE 10-18, 1974 (prix quinquennal de la Communauté française de Belgique)

Les Habits neufs du président Mao : chronique de la Révolution culturelle, Champ libre, 1971

*La Vie et l'œuvre de Su Renshan, rebelle, peintre et fou**, UER Asie orientale Paris-VII, 1970

(Suite en fin d'ouvrage)

---

* Ouvrages publiés sous le nom de Pierre Ryckmans

Simon LEYS

ORWELL
OU
L'HORREUR
DE LA POLITIQUE

Champs essais

La première édition de cet ouvrage
est parue en 1984 aux éditions Hermann.

ISBN : 978-2-0813-3141-9

NOTE DE L'AUTEUR

Ceci est la réédition d'un essai publié en 1984, et épuisé depuis plusieurs années. J'ai conservé mon texte dans sa forme originale, me contentant de corriger quelques détails (fautes matérielles) et d'indiquer en note diverses mises à jour ainsi qu'un complément d'information bibliographique. Les notes où figurent ces ajouts sont indiquées par un astérisque. Dans l'annexe I, j'ai ajouté une rubrique, *Droite et gauche*, tirée d'une lettre d'Orwell, encore inédite au moment où je rédigeais mon essai. Enfin, dans une nouvelle annexe III, on trouvera un bref résumé de l'affaire de « la liste noire » – la dernière en date des calomnies machinées par les ennemis d'Orwell.

S. L. Canberra, mai 2006

Rien de plus mystérieux qu'une âme simple.

Abbé BREMOND[1].

On a peine à croire qu'il y a déjà trente-quatre ans qu'Orwell dort dans son petit cimetière campagnard[2]*. Ce mort continue à nous parler avec plus de force et de clarté que la plupart des commentateurs et politiciens dont nous pouvons lire la prose dans le journal de ce matin. Et pourtant, en France, il demeure sinon inconnu, du moins largement mécompris. Est-ce seulement un effet de l'incurable provincialisme culturel de ce pays** ? En fait, le

1. Cité par Julien Green, *La Lumière du monde*, Paris, 1983, p. 327.

2. Orwell est mort de tuberculose le 21 janvier 1950, à l'âge de quarante-six ans. Il avait demandé dans son testament qu'on l'enterre selon les rites de l'Église anglicane – moins par conviction religieuse probablement (il professait n'en avoir aucune) que par attachement sentimental au terroir et aux coutumes de la vieille Angleterre. Sa tombe se trouve à l'ombre de l'église de Tous-les-Saints, à Sutton Courtenay, dans le Berkshire.

* Entre-temps ces trente-quatre ans sont devenus plus d'un demi-siècle…

** Maintenant saluons cependant les efforts de deux éditeurs : Ivréa a publié une traduction française des quatre

malentendu qui l'entoure ici doit avoir également des causes politiques, semblables peut-être à celles qui permirent jadis à Sartre et Beauvoir d'excommunier si durablement des rangs de l'intelligentsia bien-pensante un Camus ou un Koestler, coupables de la même lucidité.

Quand les Français lisent Orwell, c'est généralement dans une optique digne du *Reader's Digest* : son œuvre est alors réduite au seul *1984* privé de son contexte et arbitrairement réduit aux dimensions d'une machine de guerre anticommuniste. On ignore trop souvent que c'était *au nom du socialisme* qu'il avait mené sa lutte antitotalitaire, et que le socialisme, pour lui, n'était pas une idée abstraite, mais une cause qui mobilisait tout son être, et pour laquelle il avait d'ailleurs combattu et manqué se faire tuer durant la guerre d'Espagne.

Orwell avait lui-même remarqué avec justesse : « Ce qui fait que les gens de mon espèce comprennent mieux la situation que les prétendus experts, ce n'est pas le talent de prédire des événements spécifiques, mais bien la capacité de saisir dans quelle

---

volumes des *Collected Essays, Journalism and Letters of George Orwell* (traduction due à Anne Krief, Bernard Pecheur et Jaime Semprun), et Climats a publié une traduction française de la meilleure biographie d'Orwell, celle de Bernard Crick (*George Orwell, une vie*, traduction de Stéphane Carretero et Frédéric Joly). Climats a également publié deux études de Jean-Claude Michéa, *Orwell, anarchiste tory* et *Orwell éducateur*.

sorte de monde nous vivons[1]. » Et en effet, c'est bien sur cette perception-là que se fondait son autorité : à la différence des spécialistes brevetés et des sommités diplômées, il voyait l'évidence ; à la différence des politiciens astucieux et des intellectuels dans le vent, il n'avait pas peur de la nommer ; et à la différence des politologues et des sociologues, il savait l'épeler dans un langage intelligible.

Cette si rare capacité l'armait d'une certitude qui, pour être dénuée d'arrogance, à l'occasion pouvait néanmoins se montrer assez férocement barbelée. Il lui est arrivé de prendre lui-même conscience de sa propre « brutalité intellectuelle[2] »,

1. *The Collected Essays, Journalism and Letters of George Orwell* (désigné ci-après par l'abréviation *CE*), Londres, 1968, vol. II, p. 345.

2. Il a employé cette expression dans une lettre à Stephen Spender ; ayant rappelé à son correspondant comment il l'avait attaqué à une époque où il ne le connaissait pas encore, il continue : « … lorsque j'ai finalement eu l'occasion de vous connaître, même si je ne vous avais pas trouvé sympathique, j'aurais pourtant été fatalement amené à changer mon attitude à votre égard, car, lorsque vous rencontrez quelqu'un en chair et en os, vous réalisez aussitôt qu'il est un être humain, et non pas une sorte de caricature incarnant certaines idées. C'est en partie pour cette raison que je ne fréquente guère les milieux littéraires, car je sais par expérience que, du moment que j'ai fait la connaissance d'un individu quelconque, et que je lui ai parlé, je deviens définitivement incapable de le traiter avec brutalité intellectuelle, alors même que je m'en sentirais le devoir – tout comme ces députés travaillistes qui sont perdus à tout jamais pour la cause du parti une fois qu'ils se sont fait taper sur l'épaule par un duc » (*CE* I, p. 32-33).

mais il en considérait l'exercice moins comme une faute que comme un devoir. Il pouvait d'ailleurs s'y abandonner sans verser dans le dogmatisme ni pécher par bonne conscience, car la certitude qui l'habitait n'était pas le fruit d'une *simplification* arbitraire, mais d'une authentique *simplicité* – celle de l'enfant qui, au milieu de la foule des courtisans, s'écrie que l'Empereur est tout nu. (Notons entre parenthèses qu'il avait une prédilection pour le conte d'Andersen, et qu'il songea même à en faire une transposition moderne[1].) Cet aspect de sa personnalité n'échappa d'ailleurs pas à de bons critiques contemporains : ainsi dans le mémorable portrait qu'il fit de lui, V. S. Pritchett concluait qu'il avait l'« innocence d'un sauvage[2] ».

---

1. Relevé par Christopher Small, *The Road to Miniluv : George Orwell, the State and God*, Londres, 1975, p. 212.

2. Cette observation figure dans le compte rendu du *Lion et la Licorne*, que V. S. Pritchett publia en 1941 dans *The New Statesman and Nation* – qui était d'ailleurs une des bêtes noires d'Orwell. Le passage qu'en cite Bernard Crick (*George Orwell : A Life*, Londres, 1980, p. 280) mérite d'être reproduit en entier : « M. George Orwell possède plusieurs des traits propres aux meilleurs pamphlétaires anglais : du courage, un esprit indépendant, des opinions vigoureuses, un instinct bagarreur, l'art de faire appel à cette créature imaginaire qu'on appelle "l'homme raisonnable", et l'art de combiner des observations originales avec des généralisations cavalières, de voir des ennemis partout et de les mépriser tous. Comme deux fameux pamphlétaires classiques, Cobbett et Defoe qui avaient l'un et l'autre cette même forme de patriotisme subversif et anticonformiste, il écrit dans un style clair et coulant

Simplicité et innocence sont des qualités qui peuvent naturellement orner les enfants et les sauvages, mais nul adulte civilisé ne saurait y atteindre sans se soumettre d'abord à une assez rigoureuse discipline.

---

qui réveille le lecteur comme un jet d'eau froide en pleine figure. L'aiguillon en est tantôt stimulant, et tantôt remarquablement exaspérant. C'est que M. Orwell n'est pas plus tendre pour ses amis que pour ses ennemis, et, au nom du bon sens, il est capable d'exagérer avec la simplicité et l'innocence d'un sauvage. Il a le mérite de dire des choses qui doivent être dites, mais il a le tort de les dire sans les entourer des égards que certaines d'entre elles exigeraient. Mais au diable les précautions ! Il faut qu'un pamphlétaire tire dans le mille, et tant pis pour les spectateurs qui auraient eu le malheur de s'égarer dans la trajectoire de ses traits ! Les standards de précision et de justesse de M. Orwell sont dignes de Bernard Shaw, le plus grand pamphlétaire de notre époque, à qui il fait d'ailleurs penser. Qu'il me suffise de fournir ici un seul exemple typique, tiré du *Lion et la Licorne* : *"Il est étrange de noter – mais le fait est incontestablement vrai – que presque n'importe quel intellectuel anglais se sentirait plus honteux d'être vu au garde-à-vous durant l'exécution de l'hymne national que d'être surpris en train de piller le tronc d'une église."* Dans cette phrase, c'est le mot "incontestablement" qui me paraît particulièrement savoureux. »

Le thème de la « simplicité » se retrouve comme un leitmotiv dans les témoignages de ses amis et compagnons : « Il y avait chez lui quelque chose de *très innocent et de terriblement simple*. Il n'était guère psychologue » (Paul Potts, cité par Crick, p. 321). « Un des aspects les plus sympathiques de sa personnalité était sa *simplicité d'enfant* » (Julian Symon, cité par Crick, p. 303). « Orwell avait un esprit *essentiellement simple* (...) et ne considérait jamais plus d'un aspect des problèmes à la fois » (Richard Rees, cité par Crick, p. 160).

Chez Orwell, ces vertus couronnaient une honnêteté massive qui ne souffrait pas le moindre écart entre la parole et l'action. Il était foncièrement vrai et propre ; chez lui, l'écrivain et l'homme ne faisaient qu'un – et dans ce sens, il était l'exact opposé d'un « homme de lettres ». On peut d'ailleurs voir là une explication de l'amitié paradoxale, mais solide, qui le liait à un Henry Miller par exemple. En apparence, rien de plus incongru que ce commerce entre le sévère prophète de l'apocalypse totalitaire et le chantre rabelaisien de la libération sexuelle : en fait, chacun avait reconnu l'authenticité de l'autre – chez tous les deux, les écrits étaient cautionnés par les actes.

Et c'est précisément pour cette raison que notre désir de connaître le détail de sa biographie – désir qui est maintenant satisfait de façon magistrale et définitive par l'étude de Bernard Crick[1]* – ne correspondait pas à une curiosité oiseuse. Sa vie fut assurément moins importante que son œuvre, mais elle en fut garante.

---

1. Bernard Crick, *George Orwell : A Life*, Londres, 1980. Toutes les citations de Crick, d'Orwell ou d'autres auteurs qui figurent ici ont été traduites par moi-même.

* Les études sur Orwell ont continué à se multiplier. Citons en particulier : Peter Davison : *George Orwell, a Literary Life*, Londres, 1996 ; Gordon Bowker : *George Orwell*, Londres, 2003 ; D. J. Taylor : *Orwell, the Life*, Londres, 2003 ; Jeffrey Meyers : *George Orwell, Wintry Conscience of a Generation*, New York, 2001. Ces divers ouvrages ont chacun leurs mérites propres – mais le travail de Crick demeure fondamental et irremplaçable.

La sympathie admirative que Crick éprouve pour son sujet n'est pas aveugle ; il considère Orwell comme « un homme *presque* génial[1] » : la nuance est importante et juste – et elle témoigne aussi de la sobre lucidité du biographe. De même, il ne cherche pas à éluder quelques aspects moins attrayants (d'ailleurs véniels) de la personnalité d'Orwell. Sans hésiter, avec tact mais fermeté, il est allé fouiller dans tous ses placards, même les plus sombres et les plus secrets. En conséquence, ce qui frappe au terme de cette exploration méticuleuse et approfondie, c'est que cet homme qui protégeait si jalousement sa vie privée n'avait au fond rien à cacher. « Sainteté » est un mot que de précédents biographes et témoins avaient été souvent tentés d'employer à son sujet, mais c'est évidemment une notion qui répugne à un chercheur aussi objectif et consciencieux que Crick. Orwell avait lui-même une salubre méfiance à l'endroit des saints, comme il l'a bien exprimé dans son mémorable essai sur Gandhi : « Être humain signifie essentiellement que l'on ne recherche pas la perfection ; que, par fidélité même, on est quelquefois prêt à commettre des péchés ; que l'on refuse de pousser l'ascétisme jusqu'au point où il rend l'amitié impossible, et que l'on est disposé au bout du compte à se laisser vaincre et briser par la vie – inévitable prix à payer pour quiconque prend le risque d'aimer

1. Crick, p. 325.

d'autres individus[1]. » Mais il y a là un paradoxe qui nous frappe aussitôt : les exigences rigoureuses et extrêmes qu'il s'imposait à lui-même ont précisément représenté une « *recherche de perfection* » ; il accepta de « *pousser l'ascétisme* » jusqu'à un point qui parfois touchait presque au masochisme et qui, s'il ne fit pas exactement fuir ses amis, contribua quand même à le tuer lui-même ; la vie, au bout du compte, ne réussit ni à le vaincre ni à le briser – mais on n'en saurait dire autant de celle qui « prit le risque de l'aimer », sa première femme, une personnalité admirable qui, littéralement, mourut du cancer sous ses yeux sans qu'il s'en aperçût, tout occupé qu'il était par le souci que lui causaient les souffrances du genre humain. Richard Rees, qui l'avait intimement connu, et aimé d'une amitié profonde, concluait : « Si la matière première de l'héroïsme consiste partiellement en une sorte d'égoïsme purifié et sublimé, on peut s'attendre que la progression à travers la vie d'un homme doué d'un caractère supérieur laisse un sillage plus houleux que la modeste traversée d'un homme ordinaire[2]. » Pour

1. « Reflections on Gandhi », *CE* IV, p. 467.

2. Richard Rees, *George Orwell, Fugitive from the Camp of Victory*, Londres, 1961, p. 154. Le modeste petit livre de Rees n'est qu'une esquisse impressionniste qui, pour la rigueur de l'information biographique, ne saurait évidemment rivaliser avec l'étude complète et approfondie de Crick. Sa lecture demeure cependant très éclairante. Rees était un homme sensible et fin et il avait été l'un des rares amis vraiment intimes d'Orwell ; son témoignage, nourri par l'expérience, l'intelligence et l'affection, est particulièrement précieux.

son entourage immédiat, un innocent du calibre d'Orwell est évidemment plus à redouter qu'un cynique.

*

« Quand un écrivain choisit un autre nom pour son moi qui écrit, il fait bien plus qu'inventer un pseudonyme : il nomme, et dans un sens il crée, son identité imaginaire. » Cette observation de Samuel Hynes (formulée à propos de Rebecca West)[1] pourrait admirablement s'appliquer à Orwell. Le processus par lequel Eric Blair devint George Orwell fut subtil et progressif – peut-être même ne fut-il jamais complètement achevé, ni ne pouvait l'être, par définition même. Crick le décrit bien : « Cette part "Orwell" de lui-même était pour Blair une image idéale qu'il devait essayer d'atteindre : une image faite d'intégrité, d'honnêteté, de simplicité, de conviction égalitaire, de vie frugale, d'écriture dépouillée et de franc-parler ; en un mot, l'idéal d'un homme déterminé à tout prix à énoncer des vérités pas bonnes à dire[2]. »

---

1. Ce propos est cité par Peter Stansky et William Abrahams, *Orwell : The Transformation*, Londres, 1979, p. 4. L'étude de Stansky et Abrahams (dont le premier volume s'intitule *The Unknown Orwell*, Londres, 1972) est élégante et attachante, mais incomplète (elle s'arrête en 1937) et pas entièrement exempte d'erreurs. Malgré ses mérites certains, elle apparaît maintenant définitivement surclassée par l'ouvrage de Crick.

2. Crick, p. XXII. Avant lui, Tosco Fyvel avait bien décrit cette dichotomie Blair/Orwell : « Je n'aventure ici qu'une

Dans son testament, Orwell avait défendu qu'on écrive sa biographie. Cette interdiction ne reflétait pas simplement une conviction qu'il avait déjà exprimée ailleurs : « Toute vie, vue de l'intérieur, ne saurait consister qu'en une série de défaites trop humiliantes et trop consternantes pour qu'on puisse seulement les contempler[1]. » Plus profondément peut-être, il y avait le fait que « George Orwell » incarnait pour lui un impératif

---

hypothèse et peut-être que je déchiffre dans certains indices plus qu'ils ne signifiaient en fait, mais j'ai souvent eu l'impression que "George Orwell" était un masque d'écrivain qu'il avait revêtu, tout comme il avait d'abord pris un masque de Sahib en Birmanie. Chez lui, il y avait toujours un saisissant contraste entre, d'une part, l'implacable refus de tout compromis dont il témoignait dans ses opinions politiques, et d'autre part ses façons affables dans le privé, son attitude tolérante et accommodante dans ses rapports personnels et professionnels. Les deux personnages n'étaient jamais vraiment en harmonie. Même dans son extérieur, il présentait un aspect singulièrement composite. Il s'habillait en partie comme un colonial décati, en partie comme un pseudo-ouvrier français (datant de son époque parisienne), avec ses chemises bleu sombre, sa petite moustache et les cigarettes qu'il se roulait d'un tabac noir et âcre. Peut-être que la création "George Orwell", ce personnage pas tout à fait réel, qui était différent d'Eric Blair, lui donnait une vigueur spéciale comme écrivain. »

Fyvel avait bien connu Orwell dans les dernières années de sa vie (voir également *infra*, p. 32, note 2). Crick conteste l'existence d'une telle dichotomie (p. 278-280), mais paradoxalement, il fournit un certain nombre d'éléments qui étayent en fait les vues de Fyvel.

1. Cité par Crick, p. XXIX.

éthique et esthétique à l'étalon duquel Eric Blair devait nécessairement paraître sinon inadéquat, au moins dénué de pertinence. Entre l'abstraction idéale du personnage public et la minceur dérisoire de la personne privée, où donc un biographe aurait-il pu trouver un terrain sur lequel bâtir son ouvrage ?

*

Dans la pleine maturité de son talent, Orwell s'est défini lui-même comme « un écrivain politique – en donnant autant de poids à chacun des deux mots ». Mais ce qui est curieux, c'est que, tant en politique qu'en littérature, il ne trouva sa voie qu'après de longs tâtonnements. Il avait eu depuis toujours la certitude qu'il serait écrivain[1], mais ses premières tentatives sérieuses dans le domaine de la création littéraire se soldèrent par des échecs lamentables : non seulement il ne savait pas *comment* écrire, mais il ne savait même pas *quoi* écrire (les manuscrits de ses premiers romans et nouvelles ont tous été égarés ou détruits). Ce n'est qu'après des années d'efforts obstinés et apparemment sans

1. « Très tôt, peut-être dès l'âge de cinq ou six ans, j'ai su que, quand je grandirais, je serais un écrivain. Entre dix-sept et vingt-quatre ans, je m'efforçai d'abandonner cette idée, mais ce faisant, j'étais conscient de faire violence à ma vraie nature, et je sentais bien que tôt ou tard il me faudrait me mettre à ma table et m'atteler à écrire des livres » (« Pourquoi j'écris », *CE* I, p. I.).

espoir, à l'âge de trente ans, en rédigeant *Down and Out in Paris and London*, qu'il commença enfin à découvrir sa propre vision et sa propre voix – encore qu'il n'ait pas réussi à les soutenir de façon continue d'un bout à l'autre du livre. Henry Miller le considérait comme son chef-d'œuvre ; ce jugement paraît contestable, mais il est certain que, malgré certaines inégalités, *Down and Out* présente une importance capitale. Orwell a créé là une forme neuve qu'il devait dans la suite porter à sa perfection (dans deux livres, *The Road to Wigan Pier* et *Homage to Catalonia*, ainsi que dans de courts essais tels que *Shooting an Elephant* et *A Hanging*) et qui demeure, dans l'ordre purement littéraire, sa contribution stylistique la plus originale : la transmutation du journalisme en art, la recréation du réel sous le déguisement d'un reportage objectif, minutieusement attaché aux faits (un bon quart de siècle plus tard, Truman Capote et Norman Mailer ont gaspillé beaucoup de temps à se chamailler pour savoir lequel des deux avait créé le roman-sans-fiction : ils oublient qu'Orwell avait inventé ce genre bien avant eux !).

Chose étrange, au lieu de développer et d'approfondir aussitôt la méthode qu'il venait de découvrir, Orwell s'en écarta momentanément et revint au roman traditionnel. Les quatre exercices qu'il exécuta dans ce domaine plus conventionnel *(Burmese Days, A Clergyman's Daughter, Keep the Aspidistra Flying, Coming up for Air)* présentent un réel intérêt ; mais si nous les lisons encore aujourd'hui, c'est en partie pour le complément d'information qu'ils nous apportent sur la personnalité et la pensée d'Orwell ; eussent-ils été signés d'un autre nom, malgré leurs qualités certaines, je me demande si on les rééditerait encore aujourd'hui*.

Si ses débuts littéraires furent lents, laborieux et hésitants, il mit plus de temps encore à découvrir sa vocation politique. Quand on considère le sujet même de son premier livre publié – une plongée dans les bas-fonds du sous-prolétariat, pour explorer la condition des journaliers, des vagabonds et des mendiants –, on s'étonne en fait du caractère singulièrement apolitique de *Down and Out*. La même observation peut s'appliquer également à ses premiers romans : *Burmese Days* se situe dans le monde colonial, mais n'est pas plus un roman politique que ne l'était, par exemple, *A Passage to India* (la façon également impitoyable dont Orwell traite et la société coloniale, et la société birmane, pourrait d'ailleurs constituer une paraphrase du propos de E. M. Forster : « La plupart des Indiens, comme du

* Aujourd'hui, je suis revenu sur ce jugement, au moins en ce qui concerne *Coming up for Air*. Même si le roman est maladroit, il se lit comme un superbe essai développant quelques grands thèmes orwelliens. Écrit en 1939, le livre qui décrit un monde empoisonné par le *fast-food* et saccagé par les promoteurs immobiliers présente des accents prophétiques pour un XXIe siècle hanté par le double cauchemar de la surpopulation et du désastre écologique. (Et son incipit est mémorable : « L'idée me vint le jour où je reçus mes nouvelles fausses dents… »)

reste la plupart des Anglais, sont des merdes[1] ») : si la politique y intervient, c'est simplement parce qu'elle formait une part intégrante de la réalité observée.

La conversion d'Orwell au socialisme est survenue relativement tard dans sa carrière, alors qu'il s'était déjà acquis une réputation littéraire fort respectable, avec quatre livres publiés. Presque par accident, en 1936, un éditeur de gauche eut l'idée de lui commander au pied levé une sorte d'enquête sur la condition ouvrière dans le nord industriel de l'Angleterre au moment de la Dépression. Sa visite ne dura que quelques semaines, mais cette rencontre avec l'injustice sociale et la misère fut pour lui une révélation bouleversante et définitive. Son « illumination » socialiste fut aussi soudaine et totale que le *satori* d'un adepte du Zen – ou, si vous voulez, *The Road to Wigan Pier* fut son chemin de Damas. Ces métaphores peuvent paraître déplacées si l'on considère sa profonde allergie à toute forme de religion (plus particulièrement, il n'épargna jamais ses sarcasmes à une certaine mystique socia-

1. Lettre de Forster (1922) à un ami indien, concernant la rédaction de *A Passage to India* : « Quand j'ai commencé à écrire ce livre, je voulais qu'il fût un petit pont de sympathie entre l'Est et l'Ouest, mais ensuite j'ai dû abandonner cette idée, mon sens de la vérité m'interdit une solution aussi confortable. Je suis convaincu que la plupart des Indiens, comme du reste la plupart des Anglais, sont des merdes, et il m'indiffère qu'ils sympathisent entre eux, ou pas » (cité par P. N. Furbank, *E. M. Forster : A Life*, Oxford, 1979, vol. II, p. 106).

liste qui, disait-il, avait le don d'« attirer par une attraction magnétique tous les buveurs-de-jus-de-fruits, les nudistes, les illuminés en sandales, les pervers sexuels, les Quakers, les charlatans homéopathes, les pacifistes et les féministes d'Angleterre[1] »). Et pourtant, seule la référence à une expérience religieuse pourrait, semble-t-il, rendre compte adéquatement du caractère instantané, absolu et inébranlable de son engagement. Pour continuer avec l'image Zen qui vient d'être suggérée, il faut d'ailleurs ajouter que, si sa conversion affecta de manière décisive la totalité de sa vie et de son être, il se dispensa toujours allégrement des liturgies, des offices, des rites et des Écritures : à l'occasion même, et au désarroi de ses confrères plus conventionnels, il montra qu'il était vraiment un de ces moines iconoclastes et inspirés qui, pour réchauffer le couvent par une froide nuit d'hiver, n'hésitent pas à prendre une hache et à faire du petit bois avec les statues saintes.

Dans l'expérience de Wigan Pier, il ne resta pas simplement spectateur. Son pouvoir d'empathie lui permit de vivre *de l'intérieur* ce que Simone Weil appelait de façon sobre et terrible « le malheur » quand elle voulut décrire l'espèce de dévastation radicale, l'écrasement de l'âme qu'elle avait connus en devenant ouvrière d'usine. Soit dit en passant, ce n'est pas le seul endroit où Orwell nous fait penser à Simone Weil ; comme plusieurs critiques l'ont déjà souligné, il y a de saisissants rapprochements à

1. *The Road to Wigan Pier* (Penguin), p. 152.

faire entre ces deux figures[1] : non seulement leur itinéraire fut semblable – révélation de la condition ouvrière, engagement socialiste, expérience de la guerre d'Espagne –, mais ils étaient animés l'un et l'autre par la même passion de justice, par la même volonté de pauvreté et d'ascèse poussée jusqu'à l'autopunition. (Ces similitudes font, par contraste, ressortir encore plus leur divergence essentielle : l'attente de Dieu ouvre l'œuvre de Weil sur l'infini ; l'absence de Dieu referme celle d'Orwell sur un univers curieusement plat, dépourvu de mystère, de prolongements, de vibrations et d'échos : la rançon de sa parfaite clarté est aussi qu'elle exclut la poésie, puisqu'ici les choses ne peuvent plus être que ce qu'elles sont[2].)

---

1. Christopher Small a développé cette comparaison dans *The Road to Miniluv* (cité plus haut) et Richard Rees l'a suggérée dès le titre même de son essai, *George Orwell, Fugitive from the Camp of Victory*, qui est une paraphrase d'une pensée de Simone Weil : « Si on sait par où la société est déséquilibrée, il faut faire ce qu'on peut pour ajouter du poids dans le plateau trop léger… Mais il faut avoir conçu l'équilibre, et être toujours prêt à changer de côté, comme la justice, cette fugitive du camp des vainqueurs » (*Cahiers*, vol. III, p. 84). Précédemment, Rees avait déjà suggéré un parallèle entre la *Venise sauvée* de Simone Weil et *1984*, dans *Brave Men*, Londres, 1958.

2. Apparemment, Orwell disposa une fois pour toutes du problème religieux, dès l'adolescence, en optant pour un athéisme tranquille et catégorique. Mais, tout en niant les articles de la foi chrétienne, il restait profondément attaché aux valeurs éthiques de la religion : « Le croyant qui considère cette vie simplement comme une préparation à la vie future adopte une solution de facilité. Mais aujourd'hui peu

La découverte immédiate et intuitive – mais aussi définitive et totale – qu'Orwell fit du « malheur »

---

d'hommes raisonnables croient encore en une survie après la mort. Les Églises chrétiennes ne pourraient probablement pas survivre par elles-mêmes si leur base économique était détruite. *Le véritable problème est de trouver un moyen de restaurer l'attitude religieuse*, tout en considérant que la mort est définitive » (*CE* III, p. 244). Il conserva toute sa vie un vague attachement sentimental et folklorique pour l'Église anglicane : il tenait à ses formes et cérémonies un peu comme il tenait à la bière tiède, au thé fort, aux pubs de village, et à toutes les charmantes vieilles choses d'Angleterre. Par contre, il nourrissait une hostilité rabique, presque irrationnelle, à l'égard du catholicisme – c'est qu'à la différence des anglicans les catholiques anglais prenaient leur religion au sérieux. Que des esprits de premier ordre comme G. K. Chesterton, Evelyn Waugh ou Graham Greene pussent professer la foi catholique semble avoir été pour lui une source de perplexité et d'irritation considérables. Le cas de Waugh, dont il admirait l'art littéraire supérieur (cette admiration n'était pas réciproque), paraît l'avoir particulièrement fasciné ; juste avant de mourir, il accumulait des notes en vue d'une étude critique sur Waugh ; il jugeait Waugh le meilleur romancier de son époque, tout en déplorant qu'il eût des convictions absurdes. Les deux écrivains étaient exactement contemporains (nés tous deux en 1903) ; Malcolm Muggeridge a plaisamment souligné leur paradoxale ressemblance : Orwell tâchait laborieusement de se déguiser en prolétaire, et Waugh en hobereau, mais ils étaient issus l'un et l'autre de la même conscienciseuse classe moyenne, avaient reçu la même éducation sévère et raffinée, et étaient possédés tous deux du même amour de la langue anglaise. Waugh n'a jamais manifesté beaucoup d'intérêt pour l'œuvre d'Orwell (dont il devait honnir les opinions politiques) ; cependant, après la lecture de *1984*, il lui a écrit une lettre amicale et critique dont les vues singulièrement originales semblent n'avoir été relevées par aucun commentateur (j'en donne une traduction complète en

qui caractérise la condition ouvrière dans la société industrielle pourrait être résumée par un passage de *Wigan Pier* où nous voyons comment l'accident d'une rencontre fortuite – vision d'un instant, saisie au vol, du haut d'un train en marche – acquiert la vérité permanente et irréfutable de l'œuvre d'art :

> « … le train m'emportait à travers un monstrueux paysage de terrils, de cheminées, de tas de ferrailles, de canaux putrides, de chemins faits de boue et de cendres, tout piétinés d'empreintes de sabots. On était en mars, mais il avait fait affreusement froid, et partout s'élevaient encore des amoncellements de neige noircie. Comme nous traversions lentement les faubourgs de la ville, nous longeâmes d'interminables rangées parallèles de petits taudis grisâtres qui joignaient perpendiculairement le talus du chemin de fer. Derrière une de ces cahutes, une jeune femme était agenouillée sur les pavés, enfonçant un bâton dans un tuyau de plomb qui devait servir de décharge à un évier placé à l'intérieur, et qui, sans doute, s'était bouché. J'eus le temps de la détailler, avec son tablier qui pendait comme un sac, ses lourds sabots, ses bras rouges de froid. Elle leva la tête au passage du train ; un instant, je fus si près d'elle

annexe II). Cette lettre marqua le commencement de leurs relations directes, dans les tout derniers mois de la vie d'Orwell ; sachant ce dernier gravement malade, Waugh eut à cœur de le visiter plusieurs fois à l'hôpital.

que nous aurions presque pu nous regarder dans les yeux. Elle avait un visage rond et pâle, le visage ordinaire et usé d'une fille grandie dans les taudis, qui a vingt-cinq ans mais en paraît quarante à force d'avortements et de travaux abrutissants, mais ce visage présentait, durant la seconde où je l'entrevis, l'expression la plus désolée, la plus dénuée d'espérance que j'aie jamais contemplée. Je saisis alors combien nous nous trompons quand nous disons : “Pour eux ce n'est pas la même chose, ce n'est pas comme pour nous” – comme si les gens qui ont grandi dans les taudis ne pouvaient rien imaginer d'autre que des taudis. En effet, ce que j'avais lu sur son visage, ce n'était pas la souffrance ignorante d'une bête. Elle ne savait que trop bien ce qui lui arrivait, elle comprenait aussi bien que moi quelle destinée affreuse c'était d'être ainsi agenouillée là, dans ce froid féroce, sur les pavés gluants d'une misérable arrière-cour, à enfoncer un bâton dans un puant tuyau d'égout[1]. »

On voit se développer ici cette méthode d'Orwell qui devait bientôt atteindre la plénitude classique dans *Shooting an Elephant*[2]. Crick a donné une analyse fascinante du passage qu'on vient de lire. En le comparant avec un premier jet retrouvé dans le journal qu'Orwell avait tenu durant son enquête et

1. *The Road to Wigan Pier* (Penguin), p. 16-17.

2. Trois mois à peine séparent la fin de *Wigan Pier* de la rédaction de *Shooting an Elephant*.

où il avait noté ses impressions à chaud[1], Crick montre qu'Orwell, loin de livrer des sensations brutes ou une vision directe, a en fait subtilement remis en scène, reconstruit, réorganisé et modifié la matière première de ses expériences ; autrement dit, « le style dépouillé du documentaire est en réalité une création artistique parfaitement délibérée[2] ». Cette notion est absolument essentielle, et ses implications vont loin. Ce que l'art invisible et si efficace d'Orwell illustre, c'est que la « vérité des faits » ne saurait exister à l'état pur. Les faits par eux-mêmes ne forment jamais qu'un chaos dénué de sens : seule la création artistique peut les investir de signification, en leur conférant forme et rythme. L'imagination n'a pas seulement une fonction esthétique, mais aussi éthique. Littéralement, il faut *inventer la vérité*.

Ce principe, d'abord appliqué à l'échelle modeste d'une enquête en pays ouvrier, va progressivement révéler son immense potentiel ; finalement c'est lui qui sera au centre du prophétisme de *1984*. Orwell avait un jour défini avec admiration le génie créateur de D. H. Lawrence comme la capacité qu'avait l'écrivain de connaître par l'imagination des choses qu'il n'avait pas lui-même expérimentées[3]. Si, dans

1. Ce journal est reproduit dans *CE* I, p. 170-214 ; voir en particulier la rubrique du 15 février, p. 177-178.

2. Crick, p. 187-188.

3. « [Lawrence] semble souvent avoir une extraordinaire capacité pour connaître par l'imagination des choses qu'il n'aurait pu connaître par l'observation » (*CE* IV, p. 32).

sa modestie, il se croyait dépourvu de ce génie, c'est parce que, en faisant cette réflexion, il n'envisageait que le problème de la création de personnages dans un roman psychologique traditionnel (domaine où, effectivement, son invention créatrice était mince et limitée). Mais son « imagination sociologique », elle, allait finalement lui permettre d'extrapoler, à partir d'éléments d'expérience extrêmement ténus et fragmentaires, la réalité massive, complète, cohérente et véridique du gouffre totalitaire au bord duquel nous nous trouvons aujourd'hui si précairement suspendus. Le principe si bien illustré par la méthode littéraire d'Orwell est susceptible d'une application politique et morale dont la portée est universelle. L'histoire a déjà montré à plusieurs reprises qu'il ne faut pas grand-chose pour faire basculer des millions d'hommes dans l'enfer de *1984* : il suffit pour cela d'une poignée de voyous organisés et déterminés. Ceux-ci tirent l'essentiel de leur force du silence et de l'aveuglement des honnêtes gens. Les honnêtes gens ne disent rien, car ils ne voient rien. Et s'ils ne voient rien, en fin de compte, ce n'est pas faute d'avoir des yeux, mais, précisément, *faute d'imagination.*

*

Les expériences de l'enfance et de la jeunesse ne déterminent pas fatalement l'adulte, mais elles orientent sa sensibilité. Les six années qu'Orwell passa dans un internat, de huit à treize ans, furent profondément traumatisantes et marquèrent sa personnalité de façon indélébile. Les sentiments de déréliction, de culpabilité et d'échec qui avaient écrasé son enfance ne le quittèrent jamais véritablement pour tout le restant de ses jours. Ils lui inspirèrent d'une part un besoin, une hantise d'autopunition, et d'autre part un anarchisme viscéral, une révolte instinctive contre toute autorité établie, l'amenant ainsi à épouser spontanément, en toute circonstance, la cause des pauvres, des faibles et des opprimés.

Vers la fin de sa vie, peu avant d'entamer la rédaction de *1984*, Orwell écrivit un long essai autobiographique consacré à ses années d'internat. Cet essai, intitulé *Such, Such Were the Joys*, ne put être publié de son vivant : la peinture en était si féroce, elle aurait risqué de provoquer un procès en diffamation. Crick s'efforce, d'une façon qui me paraît peu convaincante – c'est bien l'un des seuls points où j'hésiterais à suivre les conclusions d'un ouvrage par ailleurs admirable –, de minimiser dans une certaine mesure la portée de cette expérience enfantine. Il me semble parfaitement vain et inutile de vouloir déterminer l'exact degré de véracité de ce récit autobiographique, et la part de transposition littéraire qui pourrait y être intervenue. À la seule exception de *Homage to Catalonia* où, pour des raisons politiques évidentes (il s'agissait de ne pas prêter le flanc aux critiques staliniens à l'affût d'une occasion de discréditer son témoignage), il s'en est rigoureusement tenu à la lettre des événements et des situations, tout l'œuvre « journalistique » d'Orwell est une réinterprétation imaginative de la réalité. Nous venons de le voir, et Crick l'a lui-même souligné, Orwell réarrange toujours les faits : il les modifie subrepticement pour leur permettre de mieux révéler leur vérité. *A Hanging* et *Shooting an Elephant* ont été longtemps considérés comme des modèles de constats précis, rigoureux et objectifs ; mais aujourd'hui que notre compréhension de sa méthode et de son art est devenue plus subtile, nous sommes moins sûrs qu'il ait jamais été témoin d'une pendaison, ni qu'il ait vraiment tué un éléphant ; en même temps, nous percevons aussi combien il est indifférent au fond d'apporter une réponse à ces questions, car la portée de ces essais ne relève évidemment pas du reportage. Pourquoi en irait-il autrement avec *Such, Such Were the Joys* ? Du reste, la question n'est pas de savoir si son école fut *en fait* aussi affreuse qu'il l'a décrite, mais bien si elle parut effectivement telle à ses yeux d'enfant. Or, sur ce point, la virulence et la constance de ses opinions ne laissent pas place au moindre doute. Après que Cyril Connolly, son ancien condisciple, eut publié un livre de souvenirs dans lequel leur vieille école était peinte en termes plus modérés, Orwell – âgé alors de trente-cinq ans – réagit aussitôt avec une véhémence significative : « Je me demande comment tu peux écrire au sujet de Saint-Cyprien. Tout ça est resté pour moi un épouvantable cauchemar (...). Ces sales internats privés démolissent complètement les gens[1]... » Il se peut fort bien qu'il ait exagéré certains aspects de ses déboires d'écolier, mais ces exagérations elles-mêmes ont un sens – comme disait Chesterton : « Il est juste d'exagérer ce qui est juste. » Et je ne vois pas pourquoi nous devrions rejeter, comme le fait Crick, l'idée si souvent avancée par les amis d'Orwell que ce sont probablement les brimades et les misères de son existence d'écolier qui le prédisposèrent dans la suite à s'indigner devant l'injustice coloniale dont il fut témoin en Birmanie, et de façon générale à toujours prendre passionnément fait et cause pour les victimes et les opprimés. De plus, une lecture parallèle de *Such, Such Were the Joys* et de *1984* révèle clairement que, tout comme les peintres chinois tirent une grande montagne de la contemplation d'un petit caillou, c'est dans l'internat de son enfance qu'Orwell trouva sans doute le premier embryon microcosmique de ce qui allait devenir la peinture de la vie quotidienne sous Big Brother. Sur ce point précis, je ne vois pas ce qui nous autoriserait à ignorer le témoignage de Tosco Fyvel : « Orwell me dit que (...) les souffrances d'un enfant inadapté dans un internat sont peut-être le seul équivalent qu'on puisse trouver en Angleterre de l'isolement qu'éprouve un individu dissident dans une société totalitaire[2]. » Et

1. *CE* I, p. 343 et p. 363. Crick, p. 411.

2. T. R. Fyvel, *George Orwell : A Personal Memoir*, Londres, 1982, p. 200. Fyvel a bien connu Orwell durant les dix dernières années de sa vie (1940-1950) ; la seconde partie de son

Fyvel observe avec pertinence que le décor, les sons et odeurs de la vieille école d'Orwell se retrouvent précisément dans *1984* : « … tôt dans la vie, il fit montre d'une exceptionnelle sensibilité aux entourages laids ou hostiles. Ceci se manifeste dans sa description des aspects répugnants de la vie à Saint-Cyprien. Comme il évoque ses souvenirs du porridge suri constamment servi dans des assiettes malpropres, de l'eau graisseuse des baignoires, des lits aux matelas durs et bossués, des relents de sueur dans les vestiaires, de l'absence de vie privée, des rangées de cabinets crasseux qu'il n'y avait pas moyen de verrouiller, du bruit constant des portes de cabinets battant à la volée, et du tintement des pots de chambre qui leur répondait en écho dans les dortoirs – quand il évoque tout cela de façon presque obsessionnelle on a l'impression qu'Orwell s'est lancé dans cette description de Saint-Cyprien comme dans un galop d'essai préludant à l'univers sordide de *1984*[1]. »

La détresse inhérente à la vie d'internat fut encore aggravée dans son cas par une souffrance

livre, qui est consacrée à cette période, constitue un témoignage personnel qui est du plus haut intérêt, et justifie à elle seule la lecture de cet ouvrage. Dans la première partie, l'auteur s'est malheureusement cru obligé d'esquisser une biographie d'Orwell : là, l'information de seconde main apparaît assez rudimentaire et comporte même quelques erreurs grossières (par exemple, les dates respectives et l'ordre de composition des deux premiers romans d'Orwell sont constamment intervertis).

1. Fyvel, p. 29.

supplémentaire : sa famille appartenait socialement à la strate supérieure de la classe moyenne, mais elle n'avait pas les moyens financiers d'assumer sa condition ; le directeur de l'école le plongea dans des affres d'humiliation en lui révélant que c'était à la charité d'une bourse qu'il devait la chance d'avoir été admis comme pensionnaire dans son institution. Longtemps après, il devait écrire à ce sujet : « La plus grande cruauté qu'on puisse infliger à un enfant est probablement de l'envoyer dans une école où les autres élèves sont plus riches que lui. Quand un enfant est conscient de la pauvreté de sa famille, le snobisme peut lui faire endurer des agonies qu'aucun adulte ne saurait imaginer[1]. »

Et dans la suite, à Eton, où il termina ses études dans une atmosphère plus agréable, il souffrit encore une fois d'être un boursier pauvre parmi des condisciples riches ou aristocratiques. Quelque vingt-cinq ans plus tard, en échangeant avec lui des souvenirs de collège, Richard Rees fut stupéfait de

---

1. Orwell prête ce propos au héros d'un de ses romans (Comstock dans *Keep the Aspidistra Flying*) mais il ne fait aucun doute que, sur ce point, le personnage romanesque sert de porte-parole à son auteur. Lu Hsun (1881-1936), en qui l'on serait tenté de voir un Orwell chinois (on pourrait aussi bien voir en Orwell un Lu Hsun anglais), a été semblablement marqué dans son adolescence par cette humiliation indélébile d'une pauvreté bourgeoise qui cherche vainement à sauvegarder les apparences. De nombreux autres parallèles pourraient être tracés entre les deux écrivains – voir également *infra*, p. 68, n. 2.

découvrir que cette blessure d'adolescent était encore toujours fraîche et saignante comme au premier jour chez l'adulte Orwell[1].

Les stratifications de classes, avec leurs barrières invisibles, mais omniprésentes et infranchissables, empoisonnent la société anglaise à un degré inconnu du reste de l'Europe. Orwell fut toujours intensément sensible à ce fléau, et il dut certainement cette hypersensibilité aux souffrances morales de sa jeunesse. Il avait une haine et une horreur passionnelles de la « bonne société » à laquelle il appartenait par sa naissance et son éducation, mais dans laquelle la gêne financière de sa famille l'avait empêché de venir occuper sa place naturelle[2]. Sur ce point, sa fureur ne désarma jamais. À l'hôpital, durant sa maladie finale, peu de temps avant de mourir, il entendit un jour les voix de visiteurs aristocratiques dans une chambre voisine, et il trouva aussitôt l'énergie furieuse de noter dans le carnet qui ne quittait pas son chevet : « Quelles voix ! On devine des gens trop bien nourris, stupidement satisfaits d'eux-mêmes, avec cette constante façon de ricaner hé-hé-hé à propos de rien du tout. Et par-dessus tout, il y a cette espèce de lourdeur et de richesse, combinées avec une fondamentale

1. Rees, p. 142.

2. Orwell se disait appartenir à « la couche inférieure de la strate supérieure de la classe moyenne, c'est-à-dire dans la strate supérieure de la classe moyenne, cette couche qui n'a pas d'argent ».

mauvaise grâce, des gens qui, on le sent instinctivement sans même avoir besoin de les voir, sont les ennemis spontanés de tout ce qui est intelligent, ou sensible, ou beau. Pas étonnant que tout le monde nous déteste tant[1]. »

Cette maudite conscience de classe (il était cruellement conscient d'appartenir lui-même, malgré tous ses efforts, à cette classe haïe, comme l'indique d'ailleurs l'emploi final du pronom « nous » dans le propos qu'on vient de lire) s'interposa toujours entre lui et les autres. Il n'y avait aucun espoir, pour l'ancien étudiant d'Eton, de pouvoir jamais se fondre anonymement dans une foule prolétarienne. Il lui était inexorablement interdit de simplement partager la chaleureuse fraternité des travailleurs. Et Dieu sait pourtant s'il se donna du mal, avec ses laborieuses parodies de mœurs ouvrières, ses affectations de « cockney stylisé », ses déguisements de mendiant et de vagabond ; il effectua à plusieurs reprises des plongées dangereuses et éprouvantes dans les bas-fonds de la société, partageant la condition des marginaux, des épaves, de tout le peuple de la nuit ; il devait ramener une admirable moisson littéraire de ces expéditions, mais celles-ci ne semblent pas l'avoir aidé à jamais surmonter les difficultés qu'il éprouvait à simplement communiquer avec les membres des classes populaires – d'entrée de jeu, son accent aristocratique (« les Anglais sont marqués sur la langue ») rétablissait les barrières

1. *CE* IV, p. 515.

qu'il aurait voulu abolir. Il a confessé lui-même l'épisode grotesque mais révélateur de la vaine tentative qu'il fit une certaine année pour passer Noël en prison : s'étant une fois de plus déguisé en vagabond, il avait délibérément vidé une bouteille de whisky, puis était allé insulter un agent de police dans l'espoir de se faire arrêter. Mais l'agent de police flaira aussitôt l'impeccable gentleman etonien sous ces puants haillons d'emprunt ; il ne mordit pas à l'hameçon, et se contenta de lui conseiller paternellement de rentrer chez lui[1]. C'est encore sa nièce qui résuma le mieux le fond du problème (dans une interview qu'elle accorda à Crick) : « Une bonne part de ses complexes provenaient du fait qu'il aurait dû aimer tous ses frères humains, alors qu'il n'était même pas capable en fait de leur parler naturellement[2]. »

*

Après Eton, pourquoi diable, entre toutes les carrières possibles, Eric Blair opta-t-il pour celle d'officier de police colonial en Birmanie ? Cette expérience devait assurément se révéler instructive, puisqu'elle lui permit d'observer de tout près la sale besogne journalière de l'Empire – mais il s'agit là d'une sagesse rétrospective, dont il n'avait pu se douter au moment de son engagement ; d'ailleurs

1. Crick, p. 135-136.
2. Crick, p. 14.

plusieurs années s'écoulèrent avant qu'il devienne consciemment critique de la politique impériale anglaise.

Mais c'est une fausse question que nous venons de poser. Bien sûr, l'idée d'un George Orwell s'engageant volontairement comme officier dans les rangs d'une force spécifiquement chargée de la répression et de l'oppression dans les colonies paraîtrait pour le moins biscornue. Par contre, dans le cas d'un jeune garçon de dix-neuf ans comme Eric Blair, cette initiative était en fait fort naturelle : juste diplômé d'une école où se recrutaient traditionnellement les piliers politiques et militaires de l'Empire, il ne pouvait songer à poursuivre des études à Oxford ou Cambridge : sa famille n'en avait pas les moyens, et ses derniers résultats avaient été trop médiocres pour justifier l'octroi d'une nouvelle bourse. Une carrière coloniale paraissait un débouché d'autant plus naturel pour lui que sa famille avait de nombreuses connections anglo-indiennes : son père avait été employé toute sa vie dans l'administration indienne, et ses grands-parents maternels s'étaient établis de façon permanente en Birmanie. Ajoutez à cela que, comme pour tous les jeunes gens dont l'adolescence s'était déroulée durant la Première Guerre mondiale, et qui avaient été rassasiés sur les bancs de l'école de tous les récits des prouesses héroïques de leurs aînés au front, il y avait chez lui un désir longtemps frustré d'aventure et d'action, une fascination juvénile pour les uniformes, les fusils et les horizons exotiques. Alors, pourquoi pas la police impériale de Birmanie ?

L'expérience birmane, qui dura cinq ans, marqua une autre étape décisive de sa formation. Elle aggrava encore son sentiment de culpabilité et contribua sans doute à accentuer chez lui certaines tendances vaguement masochistes – qui ne sont pas sans rappeler, mais sous une forme beaucoup plus bénigne, le cas de T. E. Lawrence.

Finalement, quand il décida d'abandonner son métier de policier colonial, il résuma lucidement son état d'esprit : « J'étais conscient d'une écrasante culpabilité qu'il m'allait falloir expier (...). Je sentais qu'il fallait non seulement que je rejette l'impérialisme mais aussi bien toutes les formes de domination de l'homme par l'homme. Je voulais m'immerger, m'enfoncer profondément dans la foule des opprimés, n'être plus que l'un d'eux, être avec eux contre leurs tyrans. À cette époque, l'échec me semblait être l'unique vertu. Chaque soupçon d'autopromotion, le moindre succès dans la vie, fût-ce simplement la capacité de gagner quelques centaines de livres par an, me paraissaient des laideurs spirituelles, positivement une forme de brimade à l'égard d'autrui[1]. »

Les expériences qu'il poursuivit alors méthodiquement parmi les marginaux, les épaves et les

1. *The Road to Wigan Pier* (Penguin), p. 129-130.

rebuts de la société, de même que sa détermination à prendre toujours le parti des victimes[1], devaient finalement l'amener à effectuer cette enquête au pays des chômeurs, laquelle à son tour déclencha sa conversion au socialisme : on le voit, cette réaction en chaîne, qui culmina finalement dans l'option la plus décisive de sa vie, avait donc trouvé sa cause première dans une volonté de faire amende pour ses péchés coloniaux. De même, sa tendance profonde à l'anarchisme – avant de s'intituler socialiste, il s'était décrit comme un « anarchiste conservateur », et c'est certainement la meilleure définition de son tempérament politique – avait dû elle aussi constituer pour lui une façon de désavouer radicalement son passé colonial et policier.

Toutefois, sa période birmane ne se solda pas seulement par des effets négatifs. Elle inspira directement un certain nombre de ses écrits : elle fournit la matière et le décor de ce que l'on peut considérer comme le meilleur de ses quatre romans « conven-

1. « Je commençai à éprouver un indescriptible dégoût de toute la machinerie de ce qu'on appelle "la justice". Dites ce que vous voulez, notre droit pénal est une chose horrible, et requiert pour son application un personnel remarquablement dépourvu de sensibilité (...). J'ai une fois assisté à une pendaison ; cela m'a paru plus effroyable que mille meurtres. Je n'ai jamais pu visiter une prison sans éprouver le sentiment que ma place était de l'autre côté des barreaux. Je pensais alors – et je le pense toujours aujourd'hui – que le pire criminel qui ait jamais existé est moralement supérieur au juge qui l'envoie à la potence » (*The Road to Wigan Pier*, p. 128).

tionnels », *Burmese Days*[1]*, et une part importante de son œuvre journalistique ainsi que deux de ses plus célèbres essais narratifs sont basés sur les souvenirs et les vues acquises durant son expérience coloniale.

Bien qu'il devînt dans la suite un adversaire de la politique impériale et un partisan de la décolonisation, il ne désavoua jamais ses années de Birmanie. Sa force fut d'avoir réussi à intégrer certains aspects positifs de cette expérience dans sa complexe vision du monde. En particulier, son analyse du phénomène impérialiste possède des nuances et une subtilité de perception qui tranchent sur les simplifications conventionnelles de la gauche bien-pensante. Par exemple, il ne fut pas tendre pour une certaine forme d'anticolonialisme facile, et il en exposa l'hypocrisie dans un remarquable essai où il dressait le bilan de l'œuvre de Kipling – écrivain qui précisément exerçait sur lui une fascination ambivalente et révélatrice[2] :

> « Parce que Kipling s'identifie à la classe des officiels, il possède une chose qui fait presque toujours défaut aux esprits "éclairés" – et c'est le sens de la responsabilité. Les bourgeois de gauche le détestent presque autant pour cela que pour sa

1. Crick, pour sa part, préfère *Coming up for Air*.

* Aujourd'hui (comme je l'ai indiqué plus haut, voir note p. 21) je me rallie entièrement à ce jugement de Crick.

2. « À treize ans, j'idolâtrais Kipling ; à dix-sept ans, je l'abominais ; à vingt ans, je le lisais avec plaisir ; à vingt-cinq ans, je le méprisais, et aujourd'hui, à nouveau, je suis plutôt porté à l'admirer » (*CE* I, p. 159).

cruauté et sa vulgarité. Tous les partis de gauche dans les pays industrialisés reposent fondamentalement sur une hypocrisie, car ils affichent de combattre quelque chose dont, en profondeur, ils ne souhaitent pas la destruction. Ils ont des objectifs internationalistes, et en même temps ils sont bien décidés à maintenir un niveau de vie qui est incompatible avec ces objectifs. Nous vivons tous de l'exploitation des coolies asiatiques, et ceux d'entre nous qui sont "éclairés" soutiennent que ces coolies devraient être libérés ; mais notre niveau de vie et donc aussi notre capacité de développer des opinions "éclairées" exigent que le pillage continue. L'attitude humanitaire est nécessairement le fait d'un hypocrite, et c'est parce qu'il comprenait cette vérité que Kipling possédait ce pouvoir unique de créer des expressions qui frappent. Il serait difficile de river le clou au pacifisme niais des Anglais en moins de mots que dans la phrase : "Vous vous moquez des uniformes qui veillent sur votre sommeil." Kipling, il est vrai, ne comprenait pas les aspects économiques des relations entre l'élite intellectuelle et les vieilles culottes de peau ; il ne voyait pas que, si le planisphère est peint en rose, c'est essentiellement afin de pouvoir exploiter le coolie. Au lieu de considérer le coolie, il ne voyait que le fonctionnaire du gouvernement indien, mais même sur ce plan-là, il saisissait exactement le mécanisme des relations : qui protège qui. Il percevait clairement que, si certains peuvent être hautement civilisés, c'est seulement parce que d'autres, qui sont inévitablement moins civilisés, sont là pour les défendre et les nourrir[1]. »

*

Orwell a lui-même résumé son itinéraire après la Birmanie : « Je fis l'expérience de la pauvreté et de l'échec. Ceci augmenta ma haine naturelle de toute autorité, et me rendit pleinement conscient, pour la première fois, de l'existence des classes travailleuses. Mon travail en Birmanie m'avait déjà permis d'acquérir une certaine compréhension de la nature de l'impérialisme. Mais ces diverses expériences n'étaient pas suffisantes pour me donner une orientation politique correcte… La guerre d'Espagne et d'autres événements en 1936-1937 eurent un effet décisif : après cela, je trouvai ma voie. Depuis 1936, chaque ligne de mes travaux sérieux n'a plus eu qu'un objet : lutter directement ou indirectement contre le totalitarisme pour le socialisme démocratique tel que je le comprends[2]. »

Cette description schématique omet la révélation de Wigan Pier, mais pour le reste, elle donne une image fidèle de son évolution, particulièrement en ce qui concerne le rôle crucial joué par la guerre d'Espagne.

Les motivations conscientes qui le déterminèrent à se porter volontaire pour la défense de la

1. *CE* III, p. 186-187.
2. *CE* I, p. 4-5.

République espagnole étaient solides, simples et sensées. « Je pars pour l'Espagne », annonça-t-il au pied levé à l'un de ses éditeurs. « Pourquoi donc ? » demanda celui-ci. « Ce fascisme, il faut bien qu'on l'arrête[1]*. »

D'autres facteurs plus obscurs peuvent avoir également joué ; ils n'enlèvent rien à la noblesse, à la générosité et au courage de son geste – en les signalant, nous cherchons seulement à jeter une lumière supplémentaire sur un aspect de sa psychologie. Paradoxalement, l'impulsion qui envoya Orwell, le socialiste, combattre le fascisme en Espagne n'était peut-être pas essentiellement différente de celle qui, quinze ans plus tôt, avait poussé Blair, l'adolescent apolitique, à s'engager dans la police coloniale de Birmanie. À ce sujet, il pourrait être pertinent de citer ici une confidence qu'il fit à Rees (mais que Crick, chose curieuse, a entièrement ignorée) : « Orwell me fit un jour une remarque qui me semble fournir la clé d'un aspect plus secret de sa personnalité. Parlant de la Première Guerre mon-

1. Crick, p. 206.

* Peu auparavant, Orwell avait, pendant quelques mois, géré (sans succès) une petite épicerie de village. Arrivé à Barcelone, il signa son engagement dans la milice anarchiste : « Eric Blair, *épicier* ». Cela rappelle irrésistiblement Bernanos au Brésil, durant la guerre ; ayant entrepris un élevage (désastreux), il écrivait à un ami : « J'ai acheté 200 vaches, et gagné du même coup le droit de ne plus me dire "homme de lettres" mais vacher, ce qui me paraît bien préférable (...). En tant que vacher, je pourrai écrire ce que je pense. »

diale, il dit que les gens de sa génération avaient été marqués pour toujours par l'humiliation de n'y avoir pris aucune part. Bien entendu, il avait été trop jeune pour pouvoir y participer. Mais le fait que plusieurs millions d'hommes, certains d'entre eux guère plus âgés que lui, avaient subi une épreuve qu'il n'avait pas partagée, lui était apparemment intolérable[1]. » D'un autre côté, il faut aussi observer qu'Orwell était effectivement fasciné par le courage physique, la camaraderie virile, la dangereuse beauté des armes (ces réalités existent, et il serait sot de ne pas vouloir en tenir compte). Il avait d'ailleurs développé une certaine compétence pour les affaires militaires ; c'est ainsi qu'au front d'Espagne il put mettre aussitôt à profit son expérience d'ancien officier de police pour procéder à l'instruction des jeunes volontaires ; puis, durant la Seconde Guerre mondiale, il devait encore rédiger de sa propre initiative, et soumettre au ministère de la Défense, un projet hautement professionnel d'organisation de milices populaires pour faire face à une éventuelle invasion allemande (le ministère ne donna aucune suite à cette originale suggestion)*. Ailleurs, Crick a remarqué avec justesse :

1. Rees, p. 154.

* En fait, ses talents militaires étaient peut-être quelque peu sujets à caution. Il était « notoirement plus enthousiaste que compétent. Une commission d'enquête dut être convoquée après qu'un exercice de mortier qu'il avait commandé faillit résulter dans la décapitation d'un de ses hommes » (Clive James, *Reliable Essays*, Picador, Londres, 2002, « All of

« Orwell comme Churchill ressemblait plus à un républicain de la Rome antique qu'à un libéral moderne : les privations autant que l'excitation de la guerre le séduisaient positivement (...). Il n'avait que mépris pour les pacifiques et ceux qui étaient scrupuleux à l'excès[1]. » Cette disposition profonde devint particulièrement évidente au début de la Seconde Guerre mondiale et inspira ce commentaire à Cyril Connolly : « Orwell s'ajusta à la guerre exactement comme on enfile un confortable vieux veston de tweed (...). Il se sentait merveilleusement chez lui au milieu du Blitz, parmi les bombes, l'héroïsme, les décombres, le rationnement, les sans-logis, les signes précurseurs d'un mouvement révolutionnaire[2]. »

Les eunuques qui prêchent la chasteté ne sont guère convaincants. Inversement, ce qui conférait aux croisades d'Orwell leur singulière force de persuasion, c'est ce sentiment qu'il avait lui-même connu, vécu et compris de l'intérieur ce qu'il attaquait : très littéralement, et à la différence de la plupart des gauchistes orthodoxes, il savait de quoi il parlait. Ainsi par exemple, dans le camp socialiste,

---

Orwell », p. 10). Le courage physique d'Orwell et son sang-froid étaient admirables, mais sa témérité frisait parfois l'inconscience. À ce sujet, voir dans la biographie de Crick (p. 366-367) le récit d'une excursion en mer dans les Hébrides, qui, à cause de son imprudence, finit par un naufrage.

1. Crick, p. 258.
2. Crick, p. 266.

il était l'un des très rares esprits à avoir dès le début refusé le dogme simplificateur qui voulait voir dans le fascisme « une forme de capitalisme avancé » ; il avait clairement perçu au contraire que le fascisme était en fait une perversion du socialisme, et que, malgré l'élitisme de son idéologie, c'était un authentique mouvement de masse, disposant d'une vaste audience populaire. Bien plus, dans le domaine psychologique, il put même aller jusqu'à dire : « Il n'y a que deux sortes de gens qui comprennent vraiment le fascisme, ceux qui en ont souffert et *ceux qui possèdent en eux-mêmes une fibre fasciste*[1]. » On pourrait sans doute, si l'on voulait pousser plus loin l'analyse, repérer une pareille fibre chez Orwell lui-même, mais, outre qu'elle serait sans grande utilité, pareille entreprise deviendrait sans doute source de malentendus[2]. Ce que je voulais seulement

1. *CE* II, p. 144.

2. Christopher Small (*op. cit.*, p. 41) a par exemple relevé divers traits psychologiques assez significatifs. Orwell rejetait farouchement les manifestations de tendresse et de douceur : « La douceur est répugnante », écrivait-il dans *Wigan Pier*. Le héros de *Burmese Days* est un anti-héros, un personnage à divers égards faible et disgracié, tandis que son adversaire, l'odieux Verrall, incarne un idéal de grâce virile : il est bon cavalier, dur, net, fort, et vit « dans un ascétisme de moine ». Dans quelques incidents isolés (que des commentateurs malveillants ont exploités hors de leur contexte), Orwell a manifesté occasionnellement une vague impulsion sadique ; mais Crick remet bien ce trait en perspective : « Faut-il juger un homme sur tel ou tel aspect isolé de son caractère, ou sur la manière dont il les maîtrise ensemble la plupart du temps ? »

souligner ici, c'est cette admirable capacité qu'il avait de découvrir en lui-même, et de connaître de l'intérieur, les maux qu'il combattait. C. G. Jung a observé que, pour guérir son patient, un bon docteur devait être capable, dans une certaine mesure, de partager sa maladie[1]. Orwell semble avoir lui-même pressenti cette vérité, comme l'atteste par exemple ce jugement critique qu'il formulait sur les limitations de H. G. Wells : « *Il est trop foncièrement sain d'esprit pour vraiment comprendre le monde moderne*[2]. » Inversement, si le cauchemar de *1984* réussit à évoquer une telle terreur, écrasante et sans issue, c'est que, fondamentalement, nous sentons bien que cette horreur ne nous est pas extérieure : elle habite en nous, car elle fait écho à celle que l'auteur avait d'abord identifiée en lui-même.

C'est cette dimension humaine qui donne à l'œuvre d'Orwell une place à part dans la littérature

---

(Crick, p. 364). En fait, ce qui dominait *globalement* chez l'homme Orwell, c'était sa simplicité et sa générosité, la clarté de son intelligence et l'innocence de son rire, sa modestie, son sens de l'amitié, l'amour des vieilles choses et de la vie campagnarde, et une curiosité d'écolier pour « mille bricoles inutiles ».

1. « Seul un thérapeute qui est disposé à se dépouiller de ses défenses personnelles peut affecter son patient en profondeur. Si le thérapeute est capable de s'avancer à découvert c'est parce qu'il est lui-même blessé ou vulnérable. *Seul un médecin blessé peut guérir autrui* » (P. J. Stern, *C. G. Jung, the Haunted Prophet*, New York, 1977).

2. *CE* II, p. 145.

politique de notre temps. Plus spécifiquement, ce qui fonde son originalité supérieure en tant qu'écrivain politique, c'est qu'*il haïssait la politique*. Ce paradoxe semble avoir échappé à des témoins pourtant proches ; ainsi son collègue en journalisme (et ancien condisciple) Cyril Connolly observait : « Orwell était un animal politique. Il ramenait tout à la politique (...). Il ne pouvait pas se moucher sans faire un discours sur les conditions de travail dans l'industrie du mouchoir[1]. » Mais de l'autre côté, sa seconde femme, Sonia Orwell, dont on ne saurait douter qu'elle le connaissait et comprenait bien plus intimement encore, nous assure, tout aussi catégorique, qu'il avait été poussé à l'engagement politique par un accident de l'histoire, alors que sa vraie nature était de vivre à la campagne, en paisible ermite, ne fréquentant que quelques vieux amis ; s'il avait pu suivre sa pente, il aurait seulement écrit des romans et cultivé son potager[2]*. L'un et l'autre témoins avaient en un sens raison ; seulement, chacun des deux ignorait l'autre moitié

1. Crick, p. 266.

2. Crick a décrit cette attitude de Sonia Orwell dans un intéressant article, « The Problem with Biography : Searching for Facts in Orwell's Life », reproduit in *The Age Monthly Review*. Le malheur est que ce point de vue l'a amenée à écarter des *Collected Essays* divers articles politiques.

* Maintenant, heureusement, cette question a finalement été résolue par Peter Davison avec sa monumentale édition en 20 volumes des *Complete Works of George Orwell*, Londres 1998.

du tableau. La synthèse des deux vues pourrait être effectuée par une excellente formule de Crick : « Si Orwell plaidait pour qu'on accorde la priorité au politique, *c'était seulement afin de mieux protéger les valeurs non politiques*[1]. » En un sens, quand il s'appliquait à planter des choux, à nourrir sa chèvre et à maladroitement bricoler de branlantes étagères, ce n'était pas seulement pour le plaisir, mais aussi pour le principe ; de même, quand, collaborant à un périodique de la gauche bien-pensante, il gaspillait de façon provocante un précieux espace qui aurait dû être tout entier consacré aux graves problèmes de la lutte des classes, en dissertant de pêche à la ligne ou des mœurs du crapaud ordinaire, il ne cédait pas à une recherche gratuite d'originalité – il voulait délibérément choquer ses lecteurs et leur rappeler que, dans l'ordre normal des priorités, il faudrait quand même que le frivole et l'éternel passent avant le politique.

Si la politique doit mobiliser notre attention, c'est à la façon d'un chien enragé qui vous sautera à la gorge si vous cessez un instant de le tenir à l'œil. C'est en Espagne qu'il découvrit toute la férocité de la bête : après avoir été blessé grièvement par une balle fasciste, il ne fut ramené à l'arrière que pour se voir aussitôt traquer par les tueurs staliniens moins désireux de défendre la république contre l'ennemi fasciste que d'anéantir leurs alliés anarchistes. Rentré en Angleterre, quand il voulut

1. Crick, p. 399.

témoigner de la manière dont les communistes avaient trahi la cause républicaine en Espagne, il se heurta aussitôt, et durablement[1], à la conspiration du silence et de la calomnie*, efficacement organisée par les commissaires du Komintern et tous leurs auxiliaires bénévoles de la gauche, qui, afin de pouvoir tranquillement et cyniquement récrire l'Histoire, s'étaient bien juré de bâillonner les combattants revenus du front. Pour la première fois, il avait été directement confronté au mensonge totalitaire : « L'Histoire s'est arrêtée en 1936[2]. » La leçon fut inoubliable. Ainsi se trouva soudain parachevée la

1. Les publications progressistes bien-pensantes refusèrent de publier ses commentaires sur la guerre d'Espagne. Quant à son admirable témoignage, *Homage to Catalonia*, il fut imprimé à 1 500 exemplaires en 1938 – *treize ans plus tard* (en 1951 !), cette minuscule édition n'était toujours pas épuisée…

* Notons qu'un de ses tardifs calomniateurs fut l'illisible Claude Simon. Dans ses *Géorgiques* (1981), la calomnie bête et basse n'est tempérée que par l'inintelligibilité générale de la prose. Mais, à moins d'être un académicien suédois, qui donc voudrait lire Simon ? (Voir également *infra* ma nouvelle annexe III, consacrée à l'affaire de « la liste noire ».)

2. « Je me rappelle avoir une fois dit à Arthur Koestler : "L'Histoire s'est arrêtée en 1936", à quoi il opina, ayant aussitôt saisi de quoi je parlais. Nous pensions tous deux au totalitarisme en général, mais plus particulièrement à la guerre civile espagnole. J'avais déjà remarqué bien auparavant que la presse n'est jamais capable de rapporter correctement un événement, mais en Espagne pour la première fois, je vis des articles de journaux qui n'avaient absolument aucun rapport avec la réalité des faits, pas même ce type de relation que conserve encore un mensonge ordinaire. Je vis des descriptions

longue éducation politique qui avait été commencée à tâtons et au hasard, près de vingt ans plus tôt en Birmanie, par le jeune et naïf officier de police, frais émoulu de son collège aristocratique. Maintenant il pouvait enfin conclure : « Ce que j'ai vu en Espagne, et ce que j'ai découvert depuis, concernant les opérations internes des partis politiques de gauche, m'ont donné l'HORREUR DE LA POLITIQUE[1]. » Il n'en démordra plus, jusqu'à la mort – et c'est de là que sortiront ses trois chefs-d'œuvre : *Homage to Catalonia*, *Animal Farm* et *1984*.

*

Primauté de l'individu. L'idéologie tue. « Les malodorantes petites orthodoxies qui rivalisent pour faire la conquête de notre âme » ont ceci de commun qu'elles refusent la dimension humaine. Écartez leurs catégories abstraites, et le meurtre redevient

---

de grandes batailles situées là où nul combat n'avait pris place, tandis que des engagements qui avaient coûté la vie à des centaines d'hommes étaient passés entièrement sous silence. Je vis des troupes qui avaient combattu courageusement accusées de trahison et de lâcheté, et d'autres qui n'avaient jamais vu le feu acclamées pour leurs victoires imaginaires ; et je vis des journaux de Londres colporter ces mensonges, et des intellectuels zélés édifier toute une superstructure d'émotions sur des événements qui ne s'étaient jamais produits. Je vis en fait l'Histoire qui s'écrivait non pas suivant ce qui s'était passé, mais suivant ce qui aurait dû se passer, selon les diverses lignes officielles » (« Looking Back on the Spanish War », *CE* II, p. 256-257).

1. *CE* II, p. 23.

malaisé. Un post-scriptum du front d'Espagne résume cette révélation :

> « Nous étions dans un fossé, mais derrière nous s'étendaient cent cinquante mètres de terrain plat, si dénudé qu'un lapin aurait eu du mal à s'y cacher (...). Un homme sauta hors de la tranchée [ennemie] et courut le long du parapet, complètement à découvert. Il était à moitié vêtu et soutenait son pantalon à deux mains tout en courant. Je me retins de lui tirer dessus, en partie à cause de ce détail de pantalon. J'étais venu ici pour tirer sur des "Fascistes", mais un homme qui est en train de perdre son pantalon n'est pas un "Fasciste", c'est manifestement une créature comme vous et moi, appartenant à la même espèce – et on ne se sent plus la moindre envie de l'abattre[1]. »

Plus tard, ce sera exactement la même impulsion qui commandera par exemple son énergique démolition de l'essai de Sartre sur la question juive :

> « L'ennui est que, aussi longtemps que l'antisémitisme sera considéré simplement comme une sinistre aberration, presque comme un crime, tout individu suffisamment éduqué pour en avoir entendu le nom prétendra naturellement être exempt de la chose. En conséquence, les livres sur l'antisémitisme tendent à devenir des exercices

1. « Looking Back on the Spanish War », *CE* II, p. 254.

pour enlever les pailles qui sont dans l'œil du voisin (…). Pour une bonne part, ce qui cloche dans l'approche de M. Sartre est indiqué dans le titre même de son livre*. "L'Antisémite", semble-t-il constamment impliquer, est toujours le même type d'individu, reconnaissable au premier coup d'œil, et, si l'on peut dire, perpétuellement à l'œuvre. En fait, si l'on se donne le moins du monde la peine d'étudier la question, on verra aussitôt que l'antisémitisme est largement répandu, qu'il n'est limité à aucune classe en particulier, et surtout qu'à l'exception de quelques cas extrêmes, il est presque toujours intermittent. Mais ces divers faits ne sauraient s'accorder avec la vision atomisée de la société qu'a M. Sartre. Il irait presque jusqu'à nier qu'il pût exister des êtres humains tout court, car pour lui il ne saurait y avoir que des catégories abstraites, telles que "l'Ouvrier", ou "le Bourgeois", classifiables exactement comme différentes espèces d'insectes. "Le Juif" n'est plus alors qu'une de ces variétés d'insectes, et l'on pourrait, semble-t-il, le reconnaître à son apparence même (…). On voit bien que cette vue est elle-même dangereusement proche de l'antisémitisme. En fait tous les préjugés raciaux relèvent de la névrose, et il est peu probable qu'on puisse les accroître ou les diminuer par une argumentation quelconque. Une chose est certaine, le plus clair effet qu'ont les livres de cette sorte (dans la mesure où ils ont un quelconque effet) est pro-

* En anglais, *Portrait of the Antisemite**.

bablement de rendre l'antisémitisme un peu plus répandu qu'avant. Si l'on voulait étudier sérieusement l'antisémitisme, le premier pas serait de cesser de le considérer comme un crime. Et en attendant, le moins on parlera "*du*" Juif ou de "*l*" 'Antisémite, comme s'il s'agissait de créatures étrangères à notre espèce, le mieux ça vaudra[1] ! »

Ce refus des catégories abstraites et des masques idéologiques, cette volonté de retrouver le visage de notre commune humanité, même dans ses incarnations les plus singulières, les plus déconcertantes ou les plus odieuses, fondent l'humanisme d'Orwell. Fût-elle malade, criminelle ou vicieuse, l'humanité demeure irréductiblement une. Nulle démonologie politique ne saurait l'amputer d'un seul de ses membres. Ainsi, correspondant de guerre à la fin de la Seconde Guerre mondiale, Orwell fait ce portrait caractéristique d'un bourreau SS convaincu de crimes particulièrement abominables, et qui venait d'être arrêté par les armées alliées :

« ... Mis à part l'aspect dépenaillé, mal nourri et mal rasé qui caractérise en général tous les individus qui viennent d'être capturés, celui-ci était un spécimen rebutant, mais il n'avait pas l'air brutal, ni en aucune façon effrayant : névrosé tout au plus, et même intellectuel, à un certain niveau inférieur. Ses yeux pâles, au regard

1. *CE* IV, p. 452-453.

fuyant, étaient déformés par d'épais verres de lunettes. Il aurait aussi bien pu passer pour un curé défroqué, un acteur ivrogne, ou un médium spirite. J'ai rencontré des gens de ce type-là dans des pensions modestes à Londres, et aussi dans la grande salle de lecture du British Museum. Manifestement il ne devait pas jouir de tout son équilibre mental – probablement était-il à peine sain d'esprit… Ainsi le bourreau nazi de notre imagination, le personnage monstrueux contre qui nous avions combattu toutes ces dernières années, se réduisait maintenant à cette minable épave dont le besoin le plus manifeste n'était pas de recevoir son châtiment, mais bien quelque traitement psychologique[1]. »

Mais cet humanisme laïque ne réussit sans doute pas à confronter en profondeur le mystère du mal. La tentative pour réduire celui-ci à diverses formes de névrose est-elle vraiment convaincante ? En corollaire, les seuls absolus que pourra ériger la pensée d'Orwell seront ces notions de *sanity* et de *decency* – les plus larges communs dénominateurs d'une société civilisée, fondements pragmatiques d'un consensus que son unanimité même dispenserait de définition.

*

Pour Orwell, le socialisme aura constitué la solution définitive d'un problème très personnel : com-

1. « Revenge is Sour », *CE* IV, p. 4.

ment communier avec les opprimés. Cette quête d'une fraternité qui permettrait enfin de surmonter l'infranchissable fossé des classes, l'ex-officier de police coloniale, assoiffé d'expiation, l'avait commencée en aveugle, au retour de Birmanie. Il s'était agi d'abord d'une tentative confuse pour « quitter le monde respectable » et pour rejoindre le camp des vaincus. Après un cheminement tortueux, c'est finalement au front d'Espagne que ce rêve d'une communion totale pourra acquérir l'évidence simple et splendide de la réalité. Orwell a consigné les diverses étapes de cette recherche en artiste plutôt qu'en intellectuel. Au lieu de procéder par analyse discursive, il a simplement peint une série d'instants privilégiés.

Le premier de ces moments de vérité se situe en Angleterre, au moment où il a décidé de se déguiser en haillonneux pour effectuer sa toute première plongée :

> « Au commencement ce ne fut pas facile. Il fallait jouer la comédie, et je ne suis pas un bon acteur. Par exemple, je suis incapable de changer mon accent pendant plus de quelques minutes (...). Je me procurai un déguisement approprié et l'enduisis de crasse ci et là (...). Je me mis en route au hasard jusqu'à ce que je rencontrasse un de ces dortoirs populaires (...). C'était un endroit sombre, d'apparence malpropre. Dieu ! ce qu'il m'a fallu de courage pour y entrer – cela me paraît stupide maintenant. Mais, voyez-vous, j'étais à moitié terrifié par la classe ouvrière. Je voulais entrer en contact avec les travailleurs, devenir l'un d'eux, mais en

même temps je me les figurais comme une espèce étrangère et dangereuse ; franchir la porte sombre de ce dortoir me parut comme de m'enfoncer dans quelque souterrain affreux – un égout plein de rats par exemple. J'étais convaincu que j'allais devoir me battre : les gens allaient certainement détecter que je n'étais pas un des leurs, et déduire aussitôt que j'étais venu les espionner ; ce qui les amènerait à me rosser et à me jeter dehors – c'est à cela que je m'attendais. (...) À l'intérieur, il y avait des débardeurs, des terrassiers et quelques marins assis çà et là, jouant aux cartes et buvant du thé. Ils me regardèrent à peine. Mais c'était un samedi soir, et il y avait un jeune débardeur bâti en force, qui était ivre et titubait à travers la salle. Il se tourna, m'aperçut, et roula vers moi, avec sa grosse figure rouge en avant et un éclair louche et dangereux dans le regard. Je me raidis. Ça y était donc, la bagarre allait déjà commencer ! La seconde d'après, le débardeur s'effondra contre ma poitrine en m'entourant le cou de ses bras : "Prends une bonne tasse de thé, mon pote, cria-t-il, larmoyant, prends une bonne tasse de thé !"

Je pris une tasse de thé. Ce fut une sorte de baptême[1]. »

Mais il aura beau multiplier ces expéditions, les rencontres qu'elles lui procuraient demeuraient entachées d'un artifice fondamental : « Il fallait jouer

1. *The Road to Wigan Pier* (Penguin), p. 132-133.

la comédie. » Il pouvait bien endosser les hardes d'un crève-la-faim, rien n'y faisait : il n'en était pas un. Il s'infligeait la pauvreté, elle ne lui était pas imposée par le sort. Durant ses descentes, si pénibles fussent-elles, il conservait en permanence la possibilité de remonter à la surface : il n'avait qu'à prendre une douche et changer de vêtements pour pouvoir retrouver ses amis et ses collègues et bavarder avec eux de Joyce ou d'Eliot. Il pouvait enregistrer le goût, la couleur et l'odeur de la misère, il n'en subissait pas la fatalité, et ceci condamnait inévitablement son entreprise à demeurer une espèce de jeu – un peu comme les grandes manœuvres des militaires qui, pour professionnelles et consciencieuses qu'elles soient, s'apparentent toujours plus à la puérilité des activités de boy-scouts qu'aux horreurs de la guerre.

La communion authentique et intégrale à laquelle il aspirait, ce n'est que dans la guerre civile d'Espagne qu'il la connaîtra enfin. *Homage to Catalonia* commence très significativement par cette scène :

> « Dans la caserne Lénine à Barcelone, la veille de mon engagement dans la milice, je vis un milicien italien debout devant la table des officiers. C'était un gars de vingt-cinq ou vingt-six ans, avec l'air d'un dur, des cheveux blond-roux et une large carrure. Sa casquette de cuir était enfoncée crânement de guingois (…). Quelque chose dans son visage m'émut profondément. C'était le visage d'un homme capable de tuer, ou de risquer sa vie pour

un ami – cette sorte de visage que notre imagination prêterait à un anarchiste, alors qu'il devait plus que probablement être communiste. Il reflétait un mélange de candeur et de férocité, et aussi ce respect pathétique que les illettrés ont pour ceux qu'ils croient être leurs supérieurs. (…) Je ne sais pourquoi, mais j'ai rarement éprouvé pour quiconque – pour aucun homme, je veux dire – une aussi immédiate sympathie. Dans la conversation qui se poursuivait autour de la table, une remarque fit état du fait que j'étais étranger. L'Italien leva la tête et demanda aussitôt : "*Italiano ?*" Je répondis dans mon mauvais espagnol : "*No, Inglès. Y tú ?*" "*Italiano.*" Comme nous sortions, il traversa la pièce et me serra la main de toutes ses forces. C'est drôle, cette affection qu'on peut ressentir pour un complet étranger. C'était comme si nos deux esprits avaient un moment réussi à combler tous les fossés de la langue et de la tradition, et s'étaient rencontrés dans une intimité totale. J'espérais que la sympathie que j'éprouvais pour lui était réciproque, mais je savais aussi que pour préserver cette première impression de lui, il fallait que je ne le revoie plus jamais ; et, inutile de le dire, je ne le revis plus jamais. On faisait tout le temps des rencontres de ce genre en Espagne[1]. »

Ainsi, lui qui n'était « pas capable de parler naturellement avec ses semblables » n'avait même plus

1. *Homage to Catalonia* (Penguin), p. 7.

besoin de langage maintenant pour communier avec le peuple révolutionnaire ; et pour se faire accepter à part entière dans la fraternité des travailleurs, il ne lui était plus nécessaire de recourir à une laborieuse mascarade prolétarienne : la vérité des armes suffisait.

Cette première rencontre, brève et presque muette, avec le jeune milicien italien devait demeurer pour lui le symbole d'une révélation si mémorable que, non content d'en avoir fait l'ouverture de son *Homage to Catalonia*, il devait y revenir encore à deux reprises six ans plus tard, et y trouver l'inspiration de son plus beau poème – une pièce qui, pour un écrivain aussi pudique et réservé, surprend par l'expression directe de son émotion. (Inutile de dire que des psychanalystes sagaces et autres profonds crétins ont aussitôt reniflé ici les traces d'une tendance homosexuelle inconsciente et latente. Il me semble à peu près aussi important de déterminer si pareille tendance existait effectivement dans le subconscient d'Orwell que de savoir s'il avait les pieds plats[1]. Notre époque qui s'ingénie à lire en toute chose des symboles du sexe comprendra-t-elle un jour que c'est parfois le sexe qui est le symbole d'autre chose ?)

« J'ai vu des choses prodigieuses, devait-il résumer à son retour d'Espagne, et enfin *je crois vraiment au*

1. Est-il vraiment nécessaire de préciser qu'Orwell aimait vivement les femmes – non seulement les deux qu'il épousa successivement, mais quelques autres encore ?

socialisme, ce qui ne m'était jamais arrivé auparavant[1]. » L'adhésion qu'il avait donnée à la cause socialiste après le voyage de Wigan Pier n'avait encore été qu'une adhésion à une espérance. Mais maintenant, depuis l'Espagne, il savait : le socialisme était possible ; pendant une brève et inoubliable période, ç'avait été une réalité dans laquelle il avait trouvé sa place et son rôle. Cette bouleversante découverte s'était cependant accompagnée d'une première et décisive confrontation avec l'ennemi totalitaire : les staliniens, pour qui la possibilité d'un socialisme authentique paraissait une menace mille fois plus redoutable que le triomphe du fascisme, s'étaient empressés de torpiller cette expérience révolutionnaire et d'en massacrer les protagonistes ; et c'est ainsi qu'Orwell, qui, au front, n'avait survécu que de justesse aux balles fascistes, faillit ensuite se faire assassiner à l'arrière par les gens de Moscou !

C'est donc l'Espagne qui a définitivement confirmé Orwell dans son double engagement : pour le socialisme, contre le totalitarisme. Sa formation est maintenant terminée, ses positions sont prises. Sa vie peut s'effacer désormais derrière son travail d'écrivain ; son existence ne sera plus occupée que par la rédaction et la publication de ses livres majeurs[2] et la poursuite d'une œuvre que la mort

1. *CE* I, p. 269.

2. *Animal Farm*, qui est certainement son œuvre la plus parfaite – la seule aussi dont il fût lui-même vraiment satisfait –, a

viendra prématurément interrompre une douzaine d'années plus tard. (Contrairement à ce que l'on croit trop souvent, *1984* ne représente nullement le testament spirituel d'Orwell : ce n'est devenu son dernier ouvrage que par un accident de la

---

été rédigé rapidement (de novembre 1943 à février 1944 : en moins de quatre mois !) et avec allégresse, dans une sorte d'état de grâce. Sa publication par contre s'avéra laborieuse et fut retardée pendant un an et demi. Plusieurs grands éditeurs qui, devançant les instructions du ministère de l'Information, pratiquaient l'autocensure refusèrent successivement le manuscrit : cette satire de la révolution soviétique était offensante pour un allié officiel de la Grande-Bretagne et risquait donc d'aller à l'encontre de la politique gouvernementale. Mais les éditeurs anglais étaient au moins conscients de la valeur d'un livre qu'ils ne refusaient que par lâcheté ; en Amérique, ce chef-d'œuvre commença par se heurter à la bêtise pure et simple : ainsi le premier éditeur pressenti objecta que « les histoires d'animaux ne se vendent plus » (*CE* IV, p. 110) !

Quant à *1984*, il fut rédigé dans des conditions extrêmement difficiles : dénuement matériel, solitude morale – Orwell venait de perdre sa première femme et se retrouvait seul avec un bébé au biberon – et surtout, débâcle totale de sa santé ; l'effort surhumain qu'il fournit pour achever ce livre, alors que sa tuberculose avait atteint une phase critique, abrégea sa vie. Publié en juin 1949, l'ouvrage connut immédiatement un immense succès ; Orwell, qui avait véritablement épousé la pauvreté et érigé l'échec en une sorte de religion, se trouva ainsi confronté, pour la première fois de sa carrière, avec le triomphe, la célébrité et la fortune. Il ne profita guère de celle-ci que pour s'acheter une nouvelle canne à pêche qu'il n'eut même pas la chance d'employer ; la maladie le tint cloué sur un lit d'hôpital jusqu'à sa mort, six mois plus tard.

chronologie – la mort l'a frappé par surprise alors qu'il se croyait encore quelques années à vivre, et venait d'ailleurs de mettre un nouveau roman en chantier[1].)

*

La lutte antitotalitaire d'Orwell ne fut que le corollaire de sa conviction socialiste : il pensait en effet que seule la défaite du totalitarisme pourrait assurer la victoire du socialisme. Cette attitude, constamment réaffirmée dans ses écrits, semble avoir curieusement échappé à un certain nombre de ses admirateurs. Par exemple, nous voyons maintenant, en Europe et en Amérique, des néoconservateurs qui s'efforcent de le récupérer ; faisant un usage sélectif de ses propos, ils tentent de montrer que, s'il avait vécu, il serait probablement devenu le plus éloquent porte-parole de leur mouvement (on trouvera une des expressions les plus caractéristiques de cette tendance dans un article de

1. Orwell a exprimé à plusieurs reprises cette conviction, à la fois irrationnelle et profondément naturelle, qu'un écrivain ne saurait mourir alors qu'il a encore en lui un livre à écrire. Il se savait très gravement atteint, il contemplait la mort avec un courage serein ; mais en même temps, il sentait en lui la montée d'une nouvelle vague créatrice ; sur son lit d'hôpital, il épousa une femme jeune et belle, et déjà il accumulait des notes pour un nouveau roman : il était encore habité d'une telle impulsion de vie, qu'il ne put vraiment prendre conscience de l'imminence de sa mort.

N. Podhoretz[1]). Cette annexion d'Orwell par la nouvelle droite reflète moins le potentiel conservateur de sa pensée que la persistante stupidité d'une gauche qui, au lieu de commencer enfin à le lire et le comprendre, s'est laissé scandaleusement confisquer le plus puissant de ses écrivains.

Il est vrai qu'Orwell avait souvent réservé ses traits les plus féroces pour ses propres compagnons. Faut-il en déduire qu'avec le temps il aurait fini par abandonner le socialisme ? En fait, la fureur même avec laquelle il attaquait les hypocrisies, les lâchetés et les sottises des « progressistes » donne la vraie mesure de la profondeur et de la sincérité de son engagement. C'est précisément parce qu'il prenait l'idéal socialiste tellement au sérieux qu'il ne pouvait tolérer de le voir manipulé par des pitres et des escrocs. Ou alors, s'il fallait suivre la logique de ses derniers exégètes, les sarcasmes des *Provinciales* et les imprécations du *Mendiant ingrat* devraient-ils nous faire douter du catholicisme de Pascal et de Bloy ?

Il est vrai que, sur quelques-uns des problèmes les plus brûlants de notre époque – le totalitarisme, le pacifisme –, les vues d'Orwell sont effectivement très proches de celles des néoconservateurs. Et alors ? Cela ne saurait suffire pour faire de lui un membre de la nouvelle droite. Je puis désapprouver le cannibalisme ou approuver la vaccination contre

1. Norman Podhoretz, « If Orwell were alive today », *Harper's*, janvier 1983.

le choléra – s'il se trouve que des fascistes ont là-dessus les mêmes vues que moi, cela fait-il de moi un fasciste ?

Bien sûr, il n'est pas niable que le socialisme d'Orwell soulève certains problèmes. Orwell ignorait le marxisme ; il avait un mépris total (et justifié) pour une bonne partie de l'intelligentsia socialiste ; il maudissait l'ensemble de l'expérience communiste ; il pensait que « toutes les révolutions sont des échecs » ; avec tout cela, qu'il ait persisté aussi opiniâtrement à se proclamer « socialiste » peut paraître assez déconcertant, et paradoxalement rappelle un peu l'attitude de certains ecclésiastiques d'avant-garde qui nient la divinité du Christ, l'autorité des Écritures, voire l'existence de Dieu, mais insistent cependant pour qu'on continue à les appeler « chrétiens ». En fait, il voulait redécouvrir ce qu'il considérait comme les valeurs essentielles du socialisme, cet idéal de « justice et liberté » qui se trouvait maintenant « entièrement enseveli sous des couches superposées de prétentions doctrinaires et de progressisme-à-la-dernière-mode, en sorte qu'il est comme un diamant caché sous une montagne de crottin. La tâche d'un vrai socialiste est de le ramener au jour[1]. » Pour le reste, il ne se faisait aucune illusion : « Le collectivisme mène aux camps de concentration, au culte du chef et à la guerre. Il n'y a pas moyen d'échapper à ce processus, à moins qu'une économie planifiée puisse être combinée avec une liberté intellectuelle,

1. *The Road to Wigan Pier*, p. 189-190.

ce qui ne deviendra possible que si l'on réussit à rétablir le concept du bien et du mal en politique[1]. » Il percevait clairement qu'une économie centralisée pouvait constituer une grave menace pour la liberté individuelle et que, dans cette situation, « l'État en arrive à se confondre avec le monopole d'un parti dont l'autorité ne se fonde plus sur aucune élection, en sorte que l'oligarchie et les privilèges se trouvent restaurés, étant maintenant basés sur le pouvoir et non plus sur l'argent[2] ». C'est précisément cette perversion-là qu'il entreprit de décrire dans *1984*, mais il dut aussitôt expliciter ses intentions pour prévenir tout malentendu : « Mon roman N'EST PAS une attaque contre le socialisme ou contre le Parti travailliste anglais (que je soutiens personnellement) ; il veut seulement montrer les perversions auxquelles une économie centralisée est exposée, et qui ont déjà été partiellement réalisées dans le communisme et le fascisme. Je ne crois pas que la forme de société que j'ai décrite arrivera *nécessairement*, mais je crois (tenant compte évidemment du fait que le livre est une satire) qu'un phénomène de ce type *pourrait* arriver. Je crois également que les idées totalitaires ont pris racine dans l'esprit des intellectuels un peu partout, et j'ai tâché de développer toutes les conséquences logiques de ces idées. La scène du livre est située en Angleterre pour souligner le fait que les populations

1. *CE* III, p. 119.
2. *CE* II, p. 80.

de langue anglaise ne sont pas meilleures que les autres et que, si on ne le combat pas, le totalitarisme peut triompher n'importe où[1]. »

L'idée que la pensée politique d'Orwell se serait modifiée au fil des années ne résiste pas à l'analyse. Certes, il lui est arrivé de mal juger la situation et d'avoir à réviser son diagnostic, mais, dans le domaine des principes, ses convictions n'ont jamais changé. Peu avant la guerre par exemple, il crut un temps qu'il serait vain de vouloir essayer d'endiguer le fascisme sans accomplir au préalable la révolution socialiste[2]. Puis il se rendit compte rapidement que

1. *CE* IV, p. 502.

2. Cette attitude datait de la guerre d'Espagne : la politique du Komintern qui avait été de mettre la révolution en veilleuse pour s'occuper d'abord de gagner la guerre civile avait précisément entraîné la défaite. Orwell avait conclu à l'époque que seule la poursuite de la révolution aurait pu assurer la victoire contre les fascistes, et, par une extension de cette même logique, il persista à croire, pratiquement jusqu'à la guerre, et même au-delà, qu'aucune résistance effective contre le nazisme ne pouvait se concevoir en dehors de la révolution sociale. Ici, encore une fois, son attitude présente un parallèle frappant avec celle de Lu Hsun qui, en 1936, s'était insurgé contre la politique du Parti communiste chinois, quand celui-ci, dans son désir d'établir avec le Kuomintang un front commun contre le Japon, avait officiellement abandonné ses objectifs révolutionnaires. « Soit nous transformerons cette guerre en une guerre révolutionnaire – soit nous la perdrons, et nous perdrons bien autre chose en plus. » Ce propos aurait pu être signé de Lu Hsun – Orwell l'écrivit à l'automne 1940 (« The Lion and the Unicorn », *CE* II, p. 103).

la démocratie capitaliste méritait d'être défendue contre le péril nazi ; mais même après qu'il eut compris la nécessité de « soutenir le mauvais contre le pire », il continua, au début de la guerre, à entretenir l'illusion optimiste que la victoire de la révolution était toute proche. Ainsi, à l'automne 1940, il écrivait : « Seule la révolution pourra sauver l'Angleterre ; il y a des années que ceci est évident, mais maintenant la révolution a commencé et elle se développera rapidement si nous réussissons à repousser l'invasion hitlérienne. D'ici deux ans, ou peut-être dans un an, si seulement nous pouvons tenir, on verra des transformations qui surprendront tous les idiots myopes. Les rigoles des rues de Londres devront peut-être charrier du sang – tant pis, qu'il en soit ainsi, si c'est nécessaire[1]... » Il caresse avec délices une vision du « Ritz réquisitionné pour loger les milices rouges[2] » et peu après, dans *Le Lion et la Licorne*[3], un petit livre qui constitue son manifeste politique le plus complet et le plus explicite (mais que ses admirateurs de droite s'appliquent très soigneusement à ignorer), il annonce avec confiance, pour un avenir immédiat, « la nationalisation de l'industrie, la suppression des

1. « My Country Right or Left », *CE* I, p. 539-540.

2. *Ibid.*

3. Pour comprendre la pensée politique d'Orwell, la lecture de ce brillant petit traité est essentielle. Son texte, qui avait déjà été recueilli dans *CE* II, p. 56-109, a été réédité (Penguin, 1982) avec une excellente introduction de Bernard Crick.

gros revenus, l'établissement d'un système d'éducation égalitaire[1] ». Ces mesures radicales susciteront probablement des résistances – qu'importe ! La révolution saura les mater : « Elle fusillera les traîtres, mais elle leur accordera d'abord un procès solennel et, à l'occasion, saura même en acquitter certains. Elle écrasera toute révolte ouverte, de manière prompte et terrible, mais elle n'interviendra que très peu en matière d'opinion orale et écrite[2]. » On peut légitimement éprouver un certain malaise devant ces allègres évocations de rigoles qui charrient le sang et de contre-révolutionnaires que l'on colle au poteau, mais on ne saurait les ignorer sans se rendre coupable de falsification. Si, quelques années plus tard, Orwell avait effectivement cessé de croire à la possibilité imminente de pareils bouleversements révolutionnaires, rien dans son œuvre ne nous permet de conclure qu'il aurait cessé de les juger souhaitables.

Plusieurs années auparavant, dans un contexte différent, il avait déjà noté que, devant tout ce qui défigure l'idéal révolutionnaire, « la tâche des gens intelligents est non de rejeter le socialisme mais de s'employer à l'humaniser… Notre devoir est de combattre pour la justice et la liberté ; socialisme signifie précisément justice et liberté, une fois qu'on l'a débarrassé de toutes les sottises qui l'encombrent. C'est sur ces valeurs essentielles, et sur elles

1. *CE* II, p. 102-103.
2. *CE* II, p. 102.

seules, que nous devons fixer notre attention. Rejeter le socialisme simplement parce que tant de socialistes, individuellement, sont des gens lamentables, serait aussi absurde que de refuser de voyager en chemin de fer parce qu'on n'aime pas la figure du contrôleur[1]. » S'il vivait encore aujourd'hui, on voit mal ce qui aurait finalement pu le déterminer à descendre du train. Par contre, quand les tenants d'une idéologie qui dissocie la cause de la liberté de celle de la justice veulent l'embarquer de force dans leur galère, l'abus paraît criant. Orwell avait toujours fait sereinement face à ses nombreux ennemis, mais on se demande s'il aurait pu garder son sang-froid devant certains de ses admirateurs.

*

« Quand Orwell écrivait *1984*, la littérature ne pouvait évidemment être que le dernier de ses soucis », a écrit Irving Howe dans un essai par ailleurs très stimulant[2]. Nous mesurons mieux aujourd'hui combien cette observation est erronée. Il est vrai que, d'un point de vue artistique, *1984* présente certaines maladresses et est loin de posséder la perfection d'*Animal Farm* ; ces défauts mineurs peuvent probablement s'expliquer tant par l'envergure ambitieuse de l'ouvrage que par les difficiles

1. *The Road to Wigan Pier*, p. 193-194.
2. Irving Howe, *Politics and the Novel*, New York, 1957, p. 241.

conditions physiques et morales dans lesquelles Orwell dut l'exécuter. En tout cas, une chose est certaine – ses propres confessions en font foi –, ici comme ailleurs, *la littérature fut toujours le premier de ses soucis.* Cette constatation ne met nullement en question la gravité de son propos, au contraire, puisque, comme on l'a vu plus haut, l'art est l'invention du vrai.

Ses innombrables articles de critique témoignent de la sûreté, de l'étendue et de la justesse de son jugement littéraire. Non seulement il réussit à parler de façon neuve de classiques comme Swift ou Stendhal, Dickens ou Conrad, mais il est capable d'apprécier en profondeur ceux de ses contemporains qui par ailleurs lui sont le plus étrangers par le tempérament et les idées, comme D. H. Lawrence, Evelyn Waugh ou T. S. Eliot ; il flaire d'instinct la qualité chez un inconnu comme Julien Green, il soutient avec chaleur un auteur scandaleux comme Henry Miller ; il admire et explique James Joyce à une époque où celui-ci était encore largement méconnu et incompris. Sa passion pour la littérature était donc singulièrement perspicace, mais ce qui est plus remarquable encore, c'est l'usage judicieux qu'il sut faire de son intelligence critique dans l'apprentissage de son propre métier d'écrivain. Dépourvu de facilités au départ, il s'appliqua par un travail acharné à éliminer progressivement ses faiblesses – une propension juvénile pour les passages de « prose empourprée » –, et à développer ses ressources spécifiques : sens de la chose vue, simplicité, force, vérité et clarté. C'est ainsi qu'il se conquit finalement une langue et une vision qui lui appartiennent en propre, un art qui culmine dans son propre effacement – cette « esthétique de verre à vitre » dont la perfection même est de faire oublier son existence. Évidemment, pareille réussite se paie : poussé au-delà d'un certain point, le désir de clarté peut devenir un refus du mystère, et finalement limite le champ des perceptions. Le style d'Orwell est à la littérature un peu ce que le dessin au trait est à la peinture : on en admire la rigueur, le naturel et la précision, mais on ne laisse pas d'éprouver parfois qu'il y manque une dimension. E. M. Forster trouvait son langage « vigoureux et plat » et lui reprochait d'être « dépourvu de réverbération[1] ». Orwell a peut-être involontairement livré lui-même

1. E. M. Forster, « George Orwell », in *Two Cheers for Democracy*, Penguin, 1972, p. 72. Ce petit essai de trois pages est tout à la fois critique, subtil et chaleureux. Entre autres points, Forster rappelle la signification politique et la valeur éthique qu'Orwell attachait à l'usage correct de la langue ; il s'agit là d'une de ses idées les plus originales et les plus importantes (il l'a développée plus particulièrement dans l'essai « Politics and the English Language » (*CE* IV, p. 127-140) et dans l'extraordinaire appendice sur les principes du « Novlangue », dans *1984*) : « Orwell avait une passion pour la pureté de la prose (...). Si la prose se dégrade, la pensée se dégrade, et toutes les formes de communication les plus délicates se trouvent rompues. La liberté, disait-il, est liée à la qualité du langage, et les bureaucrates qui veulent détruire la liberté ont tous tendance à mal écrire et mal parler, à se servir d'expressions pompeuses ou confuses, à user de clichés qui occultent ou oblitèrent le sens... »

une indication révélatrice à ce sujet, un jour qu'il évoquait ses écrivains favoris : « Les écrivains qui me tiennent le plus à cœur et que je ne me lasse jamais de relire sont Shakespeare, Swift, Fielding, Dickens, Charles Reade, Samuel Butler, Zola, Flaubert et, parmi les modernes, James Joyce, T. S. Eliot et D. H. Lawrence. Mais je crois que *l'écrivain qui m'a influencé le plus est Somerset Maugham ; je l'admire immensément* pour ce talent qu'il a de raconter une histoire de façon directe et sans ornements inutiles[1]. » Et effectivement, s'il n'avait dû compter que sur ses seules ressources littéraires pour affronter la postérité, on peut se demander si son œuvre n'aurait pas fini sur le même rayon poussiéreux où nous oublions aujourd'hui les volumes de Maugham*. Équipé pour faire une honorable carrière de probe et intelligent artisan des lettres, il est devenu en fait le prophète majeur de notre siècle ; mais finalement, il doit cette situation exceptionnelle moins à son talent d'écrivain qu'au courage, à la vigueur, et à la lucidité avec lesquels il a su percevoir et dénoncer la menace sans précédent que le totalitarisme fait peser aujourd'hui sur l'humanité.

Orwell n'atteint pas cette universalité qui est l'apanage des artistes majeurs, et son œuvre n'est sans doute pas promise à la même permanence.

---

1. *CE* II, p. 24.

* Ce jugement sur Maugham me semble maintenant quelque peu sommaire. *Cakes and Ale* est assurément un chef-d'œuvre, et l'on relit *A Writer's Notebook* et *The Summing Up* avec un intérêt toujours vif.

Mais dans l'entreprise qu'il s'est assignée, cette limitation même constitue aussi sa plus grande force. Cela devient particulièrement évident si l'on considère un moment la malencontreuse comparaison que tant de commentateurs ont cherché à établir entre lui et Kafka. Cette comparaison est deux fois injuste ; d'abord, quel écrivain de notre temps, si talentueux soit-il, pourrait-il soutenir sans dommage un rapprochement aussi écrasant ? Ensuite, pareil rapprochement fait précisément abstraction de ce qui constitue le principal titre de gloire d'Orwell : cette incomparable intelligence du péril singulier qui menace l'ensemble de la civilisation dans la seconde moitié de notre vingtième siècle. En URSS, en Chine, dans toute l'Europe de l'Est, les lecteurs clandestins d'Orwell n'ont pas fini de s'émerveiller de la stupéfiante prescience avec laquelle il avait réussi à décrire jusque dans les moindres détails un phénomène politique que certains de nos dirigeants n'ont même pas encore commencé à comprendre. Alexandre Nekrich ne fait que résumer une opinion unanime lorsqu'il écrit : « George Orwell fut peut-être *le seul* auteur occidental à avoir compris la nature profonde du monde soviétique » – et l'on pourrait citer d'innombrables témoignages semblables en provenance de l'Est[1]. Par contre, quand Alexandre

1. M. Heller et A. Nekrich, *L'Utopie au pouvoir*, Paris, 1982. Avant eux, Czeslaw Milosz avait déjà souligné l'étonnement admiratif avec lequel les intellectuels d'Europe de l'Est et même des membres du Parti lisaient *1984* : « Ils sont

Zinoviev rappelait[1] que la lecture de Kafka n'est pas nécessairement plus pertinente pour un Soviétique que pour un Occidental, seuls les ignorants et les naïfs s'en seront étonnés.

Vivre en régime totalitaire est une expérience orwellienne ; vivre tout court est une expérience kafkaïenne. Aussi, la condition humaine étant ce qu'elle est, on peut prédire qu'au vingt et unième siècle et dans les siècles qui suivront (s'il y en a), on continuera à lire Kafka, mais il faut souhaiter que l'évolution politique et la marche des événements auront finalement réussi à faire d'Orwell un écrivain définitivement dépassé, qu'on ne relira plus guère que pour satisfaire une curiosité historique. Mais en attendant, on est évidemment encore loin du compte : aujourd'hui, je ne vois pas qu'il existe un seul écrivain dont l'œuvre pourrait nous être d'un usage *pratique* plus urgent et plus immédiat.

---

stupéfaits de voir un écrivain qui n'a jamais vécu en Russie capable de percevoir avec tant d'acuité les réalités de la vie russe. Le fait qu'il puisse exister en Occident des écrivains à même de comprendre les mécanismes de la bizarre machine dont ils font eux-mêmes partie les plonge dans l'étonnement et semble réfuter cette réputation de stupidité qu'on prête généralement à l'Occident » (C. Milosz, *The Captive Mind*, Penguin, 1980, p. 42).

1. *Le Monde*, 8 juillet 1983.

ANNEXE I

Quelques propos de George Orwell

Autoportrait

(Orwell était avare de confidences, mais en écrivant au sujet d'un auteur qu'il aimait et en qui il se reconnaissait, il a peint indirectement un véritable autoportrait spirituel.)

Ce qui a amené Dickens à cultiver une forme romanesque pour laquelle il n'était pas vraiment fait, mais en même temps ce pour quoi il demeure mémorable, c'est simplement le fait qu'il était un moraliste et qu'il avait le sentiment d'« avoir quelque chose à dire ». Il était constamment en train de prêcher, et c'est là que réside le secret de son pouvoir d'invention. Car vous ne pouvez créer que si vous vous sentez concerné (...). De façon générale, sa moralité est celle d'un chrétien, mais on ne saurait le décrire comme un homme religieux (...). Ce en quoi il est chrétien est cette façon quasiment instinctive qu'il a de prendre le parti des opprimés contre les oppresseurs. Il se range partout et toujours du côté des victimes, comme si cela allait de soi. Pour pousser pareille attitude jusqu'à sa conclusion logique, on devrait changer de camp chaque fois que la victime arrive à prendre le dessus* – et en fait c'est précisément ce que Dickens a tendance à faire (...). L'homme ordinaire continue toujours à habiter l'univers mental de Dickens, alors que presque tous les intellectuels modernes ont basculé dans l'une ou l'autre forme de totalitarisme. D'un point de vue marxiste ou fasciste, presque toutes les valeurs que défend Dickens relèvent de la « moralité bourgeoise ». Mais sous le chapitre des attitudes morales, il n'y a rien de plus bourgeois que la classe des travailleurs en Angleterre. Pour les gens simples dans les pays occidentaux, le « réalisme » et la politique de puissance demeurent un monde étranger. Peut-être qu'ils rejoindront ce monde avant longtemps, mais le jour où ils sauteront ce pas, Dickens deviendra aussi anachronique qu'un cheval de fiacre.

(...) Quand on lit une œuvre littéraire puissamment individuelle, on a toujours l'impression de voir un visage apparaître en filigrane. Ce n'est pas nécessairement le visage que l'auteur avait en réalité. Je ressens ceci très vivement quand je lis Swift ou Defoe, ou encore Fielding, Stendhal, Thackeray ou Flaubert, quoique dans plusieurs cas je ne sais même pas quelle tête ces écrivains avaient, ni ne désire le savoir. Ce qu'on voit en fait, c'est la figure

* Voir *supra*, p. 24, note 1.

que l'écrivain *aurait dû* avoir. Eh bien, dans le cas de Dickens, je vois un visage qui n'est pas exactement celui que nous montrent ses photos, quoiqu'il y ressemble. C'est la figure d'un homme d'environ quarante ans, avec une courte barbe et une physionomie colorée. Il rit, et il y a une pointe de colère dans son rire, mais sans aucune trace de triomphe ni de venin. C'est la figure d'un homme qui est toujours en train de batailler contre quelque chose, mais qui se bat à découvert et sans peur ; la figure d'un homme animé d'une *colère généreuse*, en d'autres mots, d'un libéral à la mode du XIXe siècle, une intelligence libre, un type d'homme qui est haï d'une haine identique par toutes les petites idéologies malodorantes qui rivalisent maintenant pour le contrôle de notre âme.

(*CE* I, p. 458-460)

(S'il s'agit de parler directement de lui-même, Orwell est beaucoup plus réticent. Cette liste des choses qu'il aime, et de celles qu'il n'aime pas, est cependant révélatrice.)

Depuis la guerre d'Espagne, je ne puis pas dire honnêtement que j'aie fait grand-chose, sauf écrire des livres, élever des poules et cultiver des légumes. Ce que j'ai vu en Espagne, et ce que j'ai vu depuis du fonctionnement intérieur des partis de gauche, m'a donné horreur de la politique (...). Sentimentalement je suis définitivement « à gauche », mais je suis convaincu qu'un écrivain ne peut demeurer honnête que s'il se garde de toute étiquette de parti (...).

En dehors de mon travail, la chose qui me tient le plus à cœur, c'est le jardinage, et plus particulièrement, l'entretien de mon potager. J'aime la cuisine anglaise et la bière anglaise, les vins rouges français et les vins blancs espagnols, le thé indien, le tabac noir, les poêles à charbon, la lumière des bougies et les fauteuils confortables. Je déteste les grandes villes, le bruit, les autos, la radio, la nourriture en boîtes, le chauffage central et l'ameublement « moderne ». Les goûts de ma femme sont en harmonie presque parfaite avec les miens. Ma santé est très mauvaise, mais ça ne m'empêche nullement de faire ce que j'aime.

(*CE* II, p. 24)

Droite et gauche

La vraie distinction n'est pas entre conservateurs et révolutionnaires mais entre les partisans de l'autorité et les partisans de la liberté*.

(Lettre à Malcolm Muggeridge, 4 décembre 1948)

* Claude Roy faisait une réponse semblable à une enquête de Harris et Sédouy, *Qui n'est pas de droite ?* (1978) : « Le vrai clivage entre "droite" et "gauche" réside dans le privilège que s'accordent ou se refusent des hommes d'être les *chefs*. »

Littérature

Tous les écrivains sont vaniteux, égoïstes et paresseux, et à la racine de ce qui les pousse à écrire réside un mystère. Écrire un livre est une lutte horrible et épuisante, c'est comme un long accès d'une douloureuse maladie. Personne ne voudrait jamais entreprendre une tâche pareille s'il n'était poussé par quelque démon irrésistible et incompréhensible. Pour le peu qu'on en sait, ce démon est simplement ce même instinct qui pousse un bébé à hurler pour qu'on s'occupe de lui. Et en même temps, il est également vrai de dire que l'on ne saurait rien écrire de valable sans livrer une lutte constante pour effacer sa propre personnalité. La bonne prose est comme un verre à vitre.

(*CE* I, p. 7)

Ce que les gens attendent d'un romancier à succès, c'est qu'il récrive indéfiniment le même livre. Ce qu'ils oublient, c'est qu'un homme qui pourrait écrire deux fois le même livre ne pourrait même pas l'écrire une première fois.

(*CE* I, p. 457)

Mon point de départ est toujours un besoin de prendre parti, un sentiment d'injustice. Quand je m'installe pour écrire un livre je ne me dis pas : « Je vais créer une œuvre d'art. » J'écris ce livre parce que je voudrais dénoncer un mensonge, je voudrais attirer l'attention sur un problème, et mon premier souci est de me faire entendre. Mais il me serait impossible de poursuivre la rédaction d'un livre, ou même simplement d'un long article, si cette tâche ne constituait aussi une expérience esthétique. Ce qui a toujours été mon souhait le plus cher, ce serait de pouvoir transformer l'essai politique en une forme d'art. Et je m'aperçois que c'est chaque fois que la motivation politique m'a fait défaut que j'ai écrit des livres dénués de vie.

(*CE* I, p. 6)

C'est peut-être un mauvais signe pour un écrivain de n'être pas suspect aujourd'hui de tendances réactionnaires, tout comme c'était un mauvais signe il y a vingt ans de n'être pas suspect de sympathies communistes.

(*CE* IV, p. 413)

Une chose particulièrement frappante dans l'article du Pr Bernal, c'est l'anglais à la fois pompeux et avachi dans lequel il est écrit. Ce n'est pas par pédantisme que je le signale : les relations qu'il y a entre les habitudes de pensée totalitaires et la corruption du langage constituent une question importante qui n'a pas été suffisamment étudiée.

(*CE* IV, p. 156)

Pour écrire dans une langue simple et forte, il faut penser de façon intrépide, et du moment que l'on pense de façon intrépide, on ne saurait plus être politiquement orthodoxe.

(*CE* IV, p. 66)

On ne saurait accepter une discipline politique, quelle qu'elle soit, et conserver son intégrité d'écrivain.

(*CE* IV, p. 412)

Devrons-nous conclure que tout écrivain aurait le devoir de se tenir en dehors de la politique ? Certainement pas ! (...) Quand un écrivain s'engage dans la politique, il doit le faire en tant que citoyen, en tant qu'être humain, et non pas *en tant qu'écrivain.* Je ne pense pas qu'il ait le droit, alléguant sa sensibilité, de refuser les sales corvées ordinaires de la politique. Comme n'importe qui d'autre, il devra donc être prêt à aller parler dans des meetings minables, à coller des affiches, à contacter les électeurs, à distribuer des tracts, et même, le cas échéant, à se battre dans des guerres civiles. Mais quels que soient les autres services qu'il devrait rendre à son parti, *il ne peut en aucun cas mettre sa plume au service du parti.* (...) Faut-il en conclure qu'un écrivain devrait éviter d'écrire sur des sujets politiques ? Encore une fois, certainement pas ! Il n'y a aucune raison qu'il n'écrive pas de la façon la plus crûment politique, si c'est là son désir. Seulement il ne peut le faire qu'en qualité d'individu, d'outsider ou, tout au plus, comme un franc-tireur suspect aux yeux de l'état-major, et opérant en marge de l'armée régulière.

(*CE* IV, p. 412)

La critique littéraire de gauche n'a pas tort d'insister sur l'importance du sujet. Peut-être même aurait-on le droit – considérant l'époque à laquelle nous vivons – d'exiger de la littérature qu'elle remplisse essentiellement des fonctions de propagande. Ce qui est inadmissible c'est de formuler des jugements qui, tout en se prétendant littéraires, visent en fait un objectif politique (…). Déclarer : « X… est un écrivain de talent, mais c'est un ennemi politique, et je vais faire tout ce que je peux pour le réduire au silence » est encore inoffensif. Et même, si vous passez à l'action, et que vous le réduisez au silence avec une mitraillette, vous ne commettez pas vraiment un péché contre l'intelligence. Le péché mortel est de dire : « X… est un ennemi politique, donc c'est un mauvais écrivain. »

(*CE* II, p. 293)

Psychologie

Le premier effet de la pauvreté est de tuer la pensée (…). On n'échappe pas à l'argent du simple fait qu'on est sans argent.

(*Keep the Aspidistra Flying*)

Il y a des gens, comme les végétariens et les communistes, avec qui il est impossible de discuter.

(cité par Crick, p. 404)

Le pas de l'oie est un des spectacles les plus hideux qui soient (...). C'est simplement une affirmation de puissance nue ; ce qu'il suggère de façon consciente et délibérée, c'est la vision d'une botte écrasant un visage.

(*CE* II, p. 61-62)

À l'âge de cinquante ans, on a la figure qu'on mérite*.

(*CE* IV, p. 515)

Mon principal espoir pour l'avenir, c'est que les gens ordinaires puissent ne jamais abandonner leur code moral.

(*CE* I, p. 532)

La plupart des gens n'ont jamais l'occasion de voir leur sens moral inné mis à l'épreuve par l'exercice du pouvoir – en sorte qu'on est presque obligé

* Une réflexion semblable est quelquefois attribuée à Bernanos. Et peu avant eux, Henri Michaux avait écrit : « Et chaque homme a sa figure qui le juge, et sa figure, en même temps, juge sa race, sa famille, et sa religion. Chacun est responsable de sa figure » (*Un barbare en Asie*, p. 216).

de tirer cette conclusion cynique : les hommes ne sont décents que dans la mesure où ils sont impuissants.

(cité par Small, p. 127)

C'est précisément dans une période de stabilité, une période où la civilisation semble tenir puissamment sur ses pattes, comme un éléphant, qu'une notion comme celle de vie après la mort est sans importance. La mort n'a rien d'effrayant quand les choses auxquelles vous tenez vont vous survivre.

(*Coming up for Air*)

L'attitude du croyant qui considère cette existence comme une simple préparation à la vie éternelle, est une solution de facilité. Mais aujourd'hui peu d'hommes raisonnables croient encore à une vie après la mort (…). Le vrai problème est : comment rétablir une attitude de vie religieuse, tout en acceptant le fait que la mort est définitive.

(*CE* III, p. 243-244)

Un être humain normal n'aspire pas au Royaume des Cieux ; il voudrait seulement que la vie terrestre continue.

(*CE* IV, p. 299)

J'ai toujours pensé qu'il vaut mieux mourir de mort violente, et pas trop vieux. On parle des horreurs de la guerre, mais quelle arme pourrait-on concevoir, qui égalerait en cruauté quelques-unes des maladies les plus courantes ? Une mort « naturelle » signifie, presque par définition, quelque chose de lent, de nauséabond et d'atroce.

(*CE* IV, p. 228)

Politique

Rappelez-vous que la malhonnêteté et la lâcheté doivent toujours se payer. Ne vous imaginez pas que vous pouvez vous faire pendant des années le propagandiste lèche-bottes du régime soviétique ou de n'importe quel autre régime, et puis tout à coup retrouver un état de décence mentale. Putain un jour, putain toujours.

(cité par R. C. de Camara, « Homage to Orwell », *National Review*, 13 mai 1983)

La politique, par sa nature même, implique violence et mensonge.

(*CE* IV, p. 463)

Les institutions héréditaires ont le mérite d'être instables. Elles le sont nécessairement, puisque le pouvoir y est constamment transféré entre les mains d'incapables, ou de gens qui le détournent à des fins non prévues par leurs ancêtres. On ne saurait concevoir une institution héréditaire qui réussirait, comme l'Église catholique, à durer aussi longtemps en changeant aussi peu. Et il est au moins concevable qu'une autre organisation autoritaire dont les dirigeants sont cooptés, le Parti communiste russe, connaisse une histoire semblable. S'il se solidifie sous forme de classe, comme certains observateurs croient qu'il est en train de le faire, il évoluera et se développera de la même façon que toute autre classe. Mais s'il continue à coopter ses membres dans toutes les strates de la société, pour ensuite les couler dans le même moule idéologique, il pourrait fort bien conserver sa forme presque inchangée de génération en génération. Dans les sociétés aristocratiques, l'aristocrate excentrique est un personnage courant, tandis qu'un commissaire excentrique serait presque une contradiction dans les termes.

(*CE* IV, p. 456)

La plupart d'entre nous persistent à croire que tous les choix, et même les choix politiques, se font entre le bien et le mal, et que du moment qu'une chose est nécessaire, elle doit aussi être bonne. Il nous faudrait, je pense, dépouiller cette croyance qui relève du jardin d'enfants. En politique, on ne peut jamais opter que pour un moindre mal, et il est des situations auxquelles on ne peut échapper qu'en agissant comme un démon ou un dément. La guerre, par exemple, est parfois nécessaire, mais elle ne saurait jamais être ni bonne ni sensée (...).

Quand vous avez à participer à ce genre d'entreprises – et je pense que vous devez y participer, à moins que vous n'en soyez dispensé par l'âge, la bêtise ou l'hypocrisie –, vous devez veiller jalousement à maintenir intacte une certaine part de vous-même.

(*CE* IV, p. 413)

La guerre est le plus puissant de tous les facteurs de transformation. Elle accélère tous les processus, elle efface les différences secondaires, elle est révélatrice de la réalité. Et en premier lieu, elle amène les individus à prendre conscience qu'ils ne sont pas entièrement des individus.

(*CE* II, p. 94)

L'argument selon lequel il ne faudrait pas dire certaines vérités, car cela « ferait le jeu de » telle ou telle force sinistre est malhonnête, en ce sens que les gens n'y ont recours que lorsque cela leur convient personnellement (...). Sous-jacent à cet argument, se trouve habituellement le désir de faire de la propagande pour quelque intérêt partisan, et de museler les critiques en les accusant d'être « objectivement » réactionnaires. C'est une manœuvre tentante, et je l'ai moi-même utilisée plus d'une fois, mais c'est malhonnête. Je crois qu'on serait moins tenté d'y avoir recours si on se rappelait que les avantages d'un mensonge sont toujours éphémères. Supprimer ou colorer la vérité semble si souvent un devoir positif ! Et cependant tout progrès authentique ne peut survenir que grâce à un accroissement de l'information, ce qui requiert une constante destruction des mythes.

(*CE* IV, p. 36-37)

Socialisme

À mon avis, rien n'a plus contribué à corrompre l'idéal originel du socialisme que cette croyance que la Russie serait un pays socialiste et que chaque initiative de ses dirigeants devrait être excusée, sinon imitée. Je suis convaincu que la destruction du mythe soviétique est essentielle si nous voulons relancer le mouvement socialiste.

(*CE* III, p. 405)

Le capitalisme aboutit au chômage, à la compétition féroce pour les marchés et à la guerre. Le collectivisme mène aux camps de concentration, au culte du chef et à la guerre. Il n'y a pas moyen d'échapper à ce processus, à moins qu'une économie planifiée puisse être combinée avec une liberté intellectuelle, ce qui ne deviendra possible que si l'on réussit à rétablir le concept du bien et du mal en politique.

(*CE* III, p. 119)

Il est évident que l'âge du libre capitalisme touche à sa fin et qu'un pays après l'autre est en train d'adopter une économie centralisée que l'on peut appeler socialisme ou capitalisme d'État, comme on veut. Dans ce système, la liberté économique de l'individu et dans une large mesure sa liberté tout court – liberté d'agir, de choisir son travail, de circuler – disparaissent. Ce n'est que tout récemment que l'on a commencé à entrevoir les implications de ce phénomène. Précédemment on n'avait jamais imaginé que la disparition de la liberté économique pourrait affecter la liberté intellectuelle. On pensait d'ordinaire que le socialisme était une sorte de libéralisme augmenté d'une morale. L'État allait prendre votre vie économique en charge et vous libérerait de la crainte de la pauvreté, du chômage, etc., mais il n'aurait nul besoin de s'immiscer dans votre vie intellectuelle privée. Maintenant la preuve a été faite que ces vues étaient fausses.

(*CE* II, p. 135)

On a quelquefois l'impression que les seuls mots de « socialisme » et de « communisme » attirent à eux avec la force d'un aimant tous les buveurs-de-jus-de-fruits, les nudistes, les mystiques en sandales, les pervers sexuels, les Quakers, les charlatans homéopathes, les pacifistes et les féministes d'Angleterre. Un jour, cet été, je traversais Letchworth en autobus, quand, à un arrêt, deux horribles vieillards montèrent à bord. Ils devaient avoir environ la soixantaine, ils étaient tous deux petits de taille, roses et ronds, et ne portaient pas de chapeau. L'un avait une calvitie obscène et l'autre arborait une longue chevelure grise avec une frange, dans le style de Lloyd George. Ils étaient vêtus l'un et l'autre d'une chemise couleur pistache et d'une courte culotte kaki qui moulait si étroitement leur large derrière qu'on aurait pu en étudier chaque bourrelet de graisse. Leur apparition suscita un léger frisson d'épouvante dans l'autobus. Mon voisin de banquette, qui devait être une sorte de commis voyageur, me regarda, les regarda, puis me regarda de nouveau en murmurant : « Des socialistes ! », tout comme on dirait : « Des Peaux-Rouges ! » Il avait probablement raison – le Parti travailliste indépendant organisait précisément une session d'été à Letchworth. Mais ce qui était significatif, c'est que pour lui, comme pour l'homme de la rue en général, loufoque et socialiste sont simplement synonymes.

(*The Road to Wigan Pier*, p. 152-153)

Pacifisme

Ceux qui prennent le glaive périront par le glaive – et ceux qui ne prennent pas le glaive périront de maladies nauséabondes.

(cité par Small, p. 163)

Il est un fait que le pacifisme n'existe guère que dans des communautés dont les membres ne croient pas à la possibilité réelle d'une invasion et d'une conquête étrangères (...). Nul gouvernement ne saurait opérer selon des principes purement pacifistes, car un gouvernement qui refuserait de recourir à la force dans n'importe quelles circonstances pourrait être renversé par quiconque serait prêt à utiliser la force. Le pacifisme refuse de confronter le problème du gouvernement, et les pacifistes pensent toujours comme des gens qui ne se trouveront jamais dans une position d'autorité, et c'est pourquoi je les considère irresponsables (...).

Gandhi a été considéré pendant vingt ans par le gouvernement colonial en Inde comme un de ses alliés. Je sais de quoi je parle, j'ai été officier de police en Inde. On a toujours reconnu de la façon la plus cynique que Gandhi facilitait les choses pour les autorités britanniques en Inde, car son influence tendait toujours à prévenir toute initiative qui aurait pu vraiment nous créer des problèmes. La raison pour laquelle il fut toujours traité avec des égards particuliers quand il était en prison, et que de petites concessions lui étaient accordées quand il prolongeait un de ses jeûnes jusqu'à un point dangereux, c'est que les autorités britanniques étaient terrifiées à l'idée que, s'il venait à mourir, il serait remplacé par quelqu'un qui aurait moins de foi dans la force morale, et plus dans celle des bombes. Gandhi lui-même est évidemment tout à fait honnête, et n'a pas conscience de la façon dont il est manipulé ; cette honnêteté personnelle le rend d'ailleurs encore plus utile (...). Si Hitler pouvait conquérir l'Angleterre, il essaierait, je suppose, de favoriser ici le développement d'un vaste mouvement pacifiste, ce qui empêcherait toute résistance sérieuse et lui faciliterait le contrôle du pays.

(*CE* II, p. 111-112)

Certaines attitudes telles que le pacifisme ou l'anarchisme qui, en surface, semblent impliquer une volonté de renoncer entièrement au pouvoir, ne font au contraire qu'encourager le goût du pouvoir. En effet, si vous adhérez à une foi qui paraît exempte de la saleté habituelle de la politique, une foi dont vous ne retirez aucun avantage matériel, cela vous confirme assurément que vous détenez la vérité. Et si vous détenez la vérité, il vous semble tout naturel de forcer les autres à penser comme vous.

(*CE* IV, p. 301-302)

Si quelqu'un laisse tomber une bombe sur votre mère, laissez tomber deux bombes sur la sienne. Il n'y a pas d'autre alternative : ou bien vous pulvérisez des maisons d'habitation, vous faites sauter les tripes des gens, vous brûlez des enfants – ou bien vous vous laissez réduire en esclavage par un adversaire qui est encore plus disposé que vous à commettre ce genre de choses. Jusqu'à présent personne n'a encore suggéré de solution concrète pour échapper à ce dilemme.

(*CE* I, p. 296)

La propagande pacifiste se ramène habituellement à dire que les deux camps sont également mauvais ;

mais si l'on étudie plus attentivement les écrits des jeunes intellectuels pacifistes, on verra que, loin d'exprimer une désapprobation impartiale ils sont dirigés presque entièrement contre l'Angleterre et les États-Unis. De plus, invariablement, ils ne condamnent pas la violence en elle-même, mais seulement la violence qui est utilisée pour défendre les pays occidentaux. Les Russes, à la différence des Anglais, ne sont nullement blâmés pour leur appareil guerrier.

(cité par N. Podhoretz in *Harper's*, janvier 1983)

Totalitarisme

Les intellectuels sont portés au totalitarisme bien plus que les gens ordinaires.

(*CE* III, p. 148)

Ce qui est sinistre, c'est que les ennemis conscients de la liberté sont ceux pour qui la liberté devrait signifier le plus. Le grand public ne s'intéresse guère à ce problème, ni dans un sens, ni dans l'autre. La majorité des gens ne voudraient ni persécuter les hérétiques, ni se donner du mal pour les défendre. Ils sont à la fois trop sains et trop stupides pour adopter une perspective totalitaire. L'attaque consciente et délibérée contre l'honnêteté intellectuelle vient des intellectuels eux-mêmes.

(*CE* IV, p. 70)

L'illusion est de croire que, sous un gouvernement totalitaire, on pourrait demeurer *intérieurement* libre (...), que dans leurs mansardes des ennemis clandestins du régime pourraient continuer à noter leurs pensées (...). La grande erreur est d'imaginer que l'être humain soit un individu autonome. Cette liberté secrète dont vous pourriez prétendument jouir sous un tel gouvernement ne tient pas debout, car vos pensées ne vous appartiennent jamais entièrement. Les philosophes, les écrivains, les artistes et même les savants ont besoin non seulement d'encouragements et d'un public, il leur faut aussi le constant stimulant des autres. Il est presque impossible de penser sans causer (...). Supprimez la liberté de pensée, et les facultés créatrices tarissent (...). Quand le couvercle sera retiré de l'Europe [occupée par l'Axe], je suis convaincu que l'on sera surpris de voir combien peu d'écrits de valeur, dans n'importe quelle forme – y compris des choses comme des journaux intimes –, auront été produits en secret sous les régimes de dictature.

(*CE* III, p. 132-133)

Ce qui est terrifiant dans les dictatures modernes, c'est qu'elles constituent un phénomène entièrement sans précédent. On ne peut prévoir leur fin. Autrefois, toutes les tyrannies se faisaient tôt ou tard renverser, ou à tout le moins elles provoquaient une résistance, du seul fait que la « nature humaine », dans l'ordre normal des choses, aspire toujours à la liberté. Mais rien ne garantit que cette « nature humaine » soit un facteur constant. Il se pourrait fort bien qu'on arrive à produire une nouvelle race d'hommes, dénuée de toute aspiration à la liberté, tout comme on pourrait créer une race de vaches sans cornes.

(*CE* I, p. 380-381)

ANNEXE II

Lettre d'Evelyn Waugh à George Orwell sur *1984*

17 juillet 1949

Cher Orwell – Blair ? lequel préférez-vous ? –,

Vous devez vous demander pourquoi je ne vous ai jamais accusé réception de *1984*. La raison en est que votre éditeur ne me l'a jamais envoyé, en sorte que finalement je m'en suis acheté directement un exemplaire, mais je dois vous remercier tout de même, car j'ai trouvé cette lecture stimulante. J'ai lu bon nombre de comptes rendus américains et anglais, tous respectueux et admiratifs. Je ne vais pas vous redire ce qu'ils ont déjà exprimé. Croyez, je vous prie, que je partage leur admiration pour votre talent et pour votre style dans bien des passages, par exemple la délicieuse conversation dans le café quand Winston s'efforce d'extraire du vieillard ses souvenirs d'avant la Révolution.

Toutefois le livre n'a pas réussi à me donner la chair de poule comme vous l'auriez voulu, je suppose. D'abord, je crois que votre métaphysique ne tient pas debout. Vous niez l'existence de l'âme (ou, à tout le moins, Winston la nie) et ne pouvez donc opposer à la matière que la raison et la volonté. Comme il est maintenant prouvé que dans certaines conditions la matière peut contrôler la raison et la volonté, il ne vous reste donc plus en fin de compte que la matière. Ce problème n'est d'ailleurs pas complètement nouveau : nous avons toujours admis l'existence de la folie qui suspend l'exercice de la raison et de la volonté, sans pour autant nier que les fous aient une âme.

La rébellion de Winston est fausse. Sa « Fraternité » (réelle ou imaginaire, peu importe) n'est qu'un autre gang nullement différent du Parti. Et il m'a paru faux que la forme de sa révolte consiste à forniquer dans le style de Lady Chatterley – trouver la réalité grâce à une sorte d'union mystique avec les prolétaires, dans l'acte sexuel.

Il est parfaitement possible que nous vivions en 1984 dans des conditions fort semblables à celles que vous décrivez. Une chose toutefois me paraît invraisemblable dans votre description, et c'est la disparition de l'Église. J'ai déjà écrit que vous sembliez incapable de percevoir son existence maintenant, alors qu'elle est partout manifeste. Vous avez parfaitement le droit de rejeter toutes ses implications surnaturelles, mais vous devez quand même reconnaître son caractère unique, en tant qu'institution sociale et historique. Je la crois indestructible, bien qu'elle puisse évidemment être détruite à tel ou tel endroit durant une certaine période. Et même ça, c'est plus rare qu'on ne pense. Les descendants des gens qu'avait convertis François-Xavier au Japon conservèrent leur foi pendant trois cents ans, et quand leur pays fut ouvert au siècle dernier, on les découvrit, qui savaient toujours réciter leurs *Pater noster* et *Ave Maria*.

La Fraternité qui peut vaincre le Parti est une fraternité d'amour – ce n'est pas l'adultère dans le Berkshire, et moins encore des bouteilles de vitriol lancées à la figure des enfants. Et des hommes qui aiment un Dieu crucifié ne pourront jamais croire que la torture saurait avoir le dernier mot.

Vous le voyez, votre livre m'a tellement excité, voilà que je me mets à prêcher. Mais je ne voudrais pas vous ennuyer, d'autant moins que j'ai justement promis à des voisins, Jack et Frankie Donaldson, que je les emmènerais vous voir. Ce sont de fervents admirateurs de votre œuvre, et des gens charmants, et je ne voudrais pas que mon zèle sectaire vienne les priver de cette fête. Pouvons-nous venir un de ces après-midi ?

(*The Letters of Evelyn Waugh*,
Londres, 1980, p. 302)

ANNEXE III

L'affaire de « la liste noire »

En 1996 – puis encore une fois en 2002 –, d'indécrottables staliniens lancèrent puis exploitèrent une rumeur selon laquelle Orwell, loin d'avoir été l'homme intègre que nous admirons, n'aurait été qu'un vil indicateur de police : au début de la guerre froide, il aurait communiqué aux « services secrets britanniques » une « liste noire » dénonçant une série d'intellectuels communistes et autres « compagnons de route » ! Cette sensationnelle « révélation » eut un retentissement énorme dans la presse, en Angleterre tout d'abord, puis dans le monde entier. Comme le *Daily Telegraph* l'écrivait, « ce fut comme si, dans *1984*, Winston Smith avait délibérément collaboré avec la Police de la Pensée ». Et en France, *Le Monde*, pour sa part, osait encore titrer en 2003 : « Orwell, honorable correspondant : l'auteur de *1984* dénonçait aux services anglais les intellectuels crypto-communistes. »

Cette prétendue découverte se référait en réalité à une initiative parfaitement innocente et nullement secrète (Crick la mentionnait déjà dans sa biographie d'Orwell, qui date de 1980). Une amie intime d'Orwell, Celia Kirwan, travaillait dans un département de propagande du ministère des Affaires étrangères ; ce service souhaitait soutenir activement des écrivains, journalistes et artistes capables de contrer la propagande communiste. Pour aider son amie, Orwell lui signala à titre privé un certain nombre de personnes dont, étant donné les sympathies politiques, la malhonnêteté ou la stupidité, il eût été contre-indiqué de solliciter la collaboration pour un tel projet.

Tant les archives des Affaires étrangères que les papiers privés de Celia Kirwan (décédée en 2002) ont permis d'établir une lumière complète sur cette affaire, qui n'a d'ailleurs jamais rien présenté d'équivoque ni de ténébreux. (Pour une analyse claire, documentée et complète de cette question, voir l'étude de Timothy Garton Ash, « Orwell's list », *New York Review of Books*, 26 septembre 2003.)

Le fait que, un demi-siècle après sa mort, Orwell ait pu encore être la cible d'une aussi crapuleuse calomnie montre bien quelle formidable et vivante menace il continue à présenter pour tous les ennemis de la vérité.

TABLE

ANNEXES

Du même auteur (suite et fin)

Traductions

Richard Henry Dana, *Deux années sur le gaillard d'avant*, Robert Laffont, 1990

*Les Entretiens de Confucius**, Gallimard, 1987

Chen Jo-hsi, *Le Préfet Yin et autres histoires de la Révolution culturelle*, Denoël, 1980

Jao Tsong-yi, *Peintures monochromes de Dunhuang**, École française d'Extrême-Orient, 1978

Lu Xun, *La Mauvaise Herbe**, UGE 10-18, 1975

Shitao, *Les Propos sur la peinture du moine Citrouille-Amère**, traduction et commentaire, Institut belge des hautes études chinoises, 1970

Kouo Mo-jo, *Autobiographie : mes années d'enfance**, Gallimard, 1970

Shen Fu, *Six récits au fil inconstant des jours**, Larcier, 1966

---

* Ouvrages publiés sous le nom de Pierre Ryckmans

Composition et mise en page

NORD COMPO
multimédia

N° édition : L.01EHQN000676.B003
Dépôt légal : mars 2014
Imprimé en Espagne par Novoprint (Barcelone)